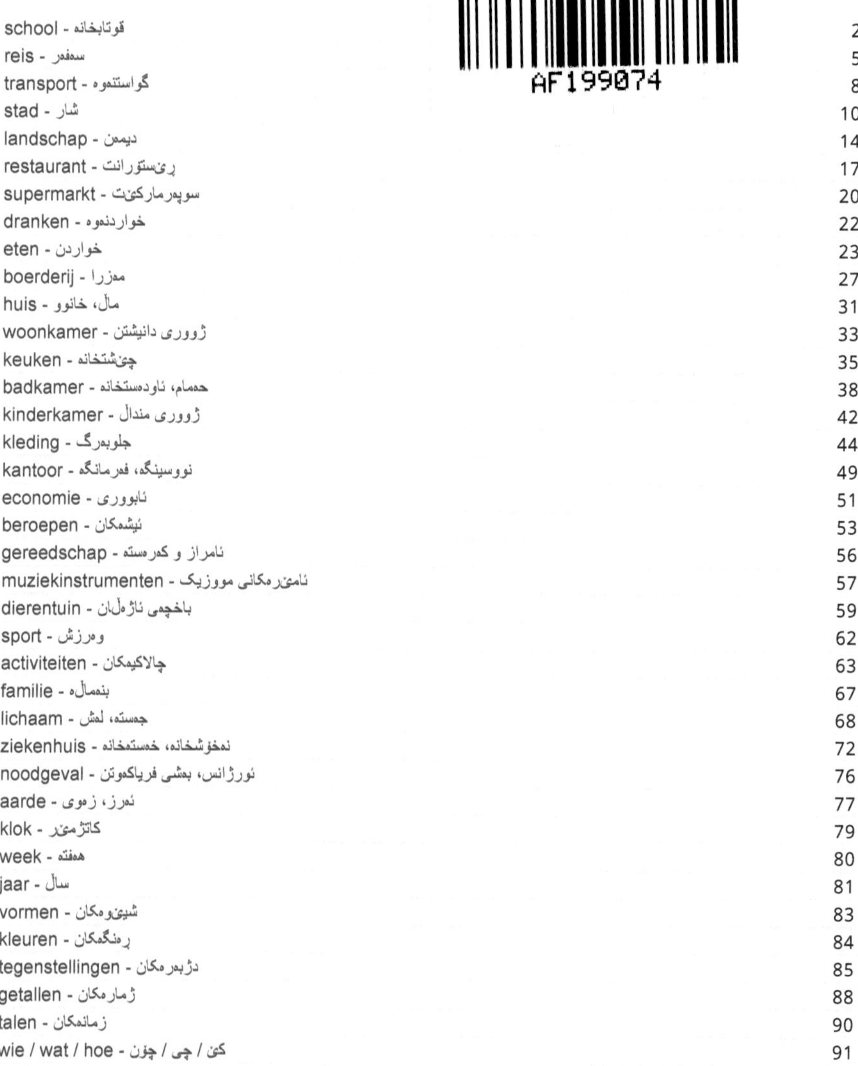

Impressum
Verlag: BABADADA GmbH, Nedderfeld 112 , 22529 Hamburg
Geschäftsführer / Verlagsleitung: Harald Hof
Druck: Books on Demand GmbH, In de Tarpen 42, 22848 Norderstedt

Imprint
Publisher: BABADADA GmbH, Nedderfeld 112 , 22529 Hamburg, Germany
Managing Director / Publishing direction: Harald Hof
Print: Books on Demand GmbH, In de Tarpen 42, 22848 Norderstedt, Germany

school

قوتابخانە

klaslokaal
پۆل

delen
دابەشکردن

186/2

bord
تەختە

schoolplein
حەوشی قوتابخانە

leraar
مامۆستا

papier
کاغەز

schrijven
نووسین

pen
پێنووس

bureau
مێزی نووسین

lineaal
خەتکێش

boek
کتێب

leerling
خوێندکار

schooltas
چەواڵ

etui
جانتای پێنووس

potlood
پێنووس

puntenslijper
تیژکەرەوەی پێنووس

gum
ڕەشکەرەوە

schetsblok
پەدی نیگارکێشان

tekening

نیگارکێشان

penseel

فڵچەی ڕەنگ

verfdoos

قوتووی ڕەنگ

schaar

مەقەست

lijm

چەسپ، کەتیرە

schrift

کتێبی ڕاهێنان

huiswerk

کاری ماڵەوە

getal

ژمارە

2+2

optellen

زیدەکردن

aftrekken

کەمکردن

vermenigvuldigen

لێکدان

rekenen

حسابکردن، ژماردن

letter

پیت

alfabet

ئەلفوبێ

woord

وشە

tekst

....

نووسراوە، دەق

lezen

....

خوێندنەوە

krijt

....

گەچ

les

....

خول، دەرس

klassenboek

....

تۆمارکردن

examen

....

ئەزموون، تاقیکردنەوە

diploma

....

بڕوانامە

schooluniform

....

جلی قوتابخانە

opleiding

....

پەروەردە

encyclopedie

....

زانیاری نامە

universiteit

....

زانکۆ

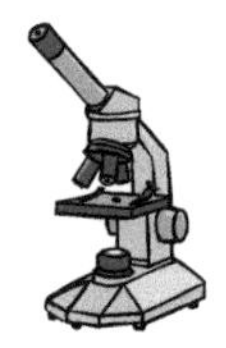

microscoop

....

میکرۆسکۆپ

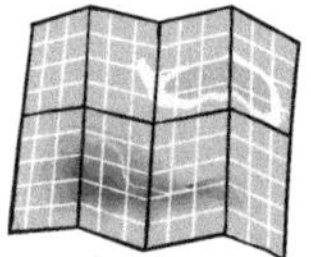

kaart

....

خەریتە، نەخشە

prullenmand

....

سەبەتەی کاغەز

reis

سەفەر

hotel
میوانخانە، هۆتێل

hostel
میوانخانە

wisselkantoor
نووسینگەی گۆڕینەوەی دراو

koffer
جانتا، ساک

auto
ئۆتۆمۆبیل

taal
زمان

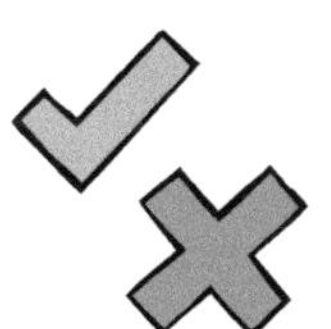

ja / nee
بەڵێ / نەخێر

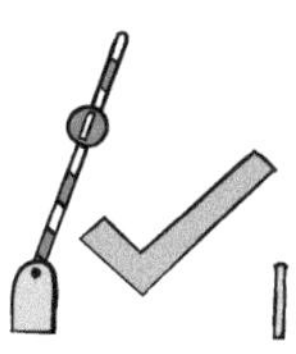

oké
باشە

Hallo!
سڵاو

tolk
وەرگێڕی دەق

Bedankt.
سپاس

Wat kost ...?

....

بەچەندە ...؟

Ik begrijp het niet.

....

من تێناگەم

probleem

....

کێشە

Goedenavond!

....

ئێوارە باش!

Goedemorgen!

....

بەیانی باش!

Goedenacht!

....

شەو باش!

Tot ziens!

....

ماڵئاوا، بەخێرچی

richting

....

ئاراستە، ڕێڕەو

bagage

....

جانتا

tas

....

جانتا

rugzak

....

کۆڵەپشتی

gast

....

میوان

kamer

....

ژوور، دیو

slaapzak

....

کیسەخەو

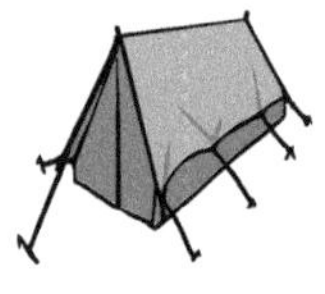

tent

....

چادر، دەوار

VVV-kantoor

زانیاری بۆ گەشتیار

strand

کەناراو

creditkaart

کارتی قەرز

ontbijt

نانی بەیانی

lunch

نانی نیوەڕۆ

diner

نانی شەو

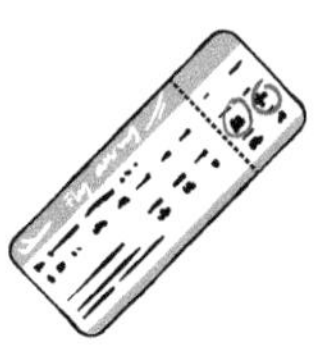

kaartje

بلیت

lift

ئاسانسۆر

postzegel

پوول، تەمر

grens

سنوور

douane

گومرک

ambassade

باڵوێزخانە

visum

ڤیزا

paspoort

پاسەپۆرت

transport

گواستنەوە

schip
کەشتی

vliegtuig
فڕۆکە

brandweerwagen
مەکینەی ئاگرکوژێنەوە

bus
پاس

vrachtauto
لۆری

motorboot
بەلەمی ماتۆری

auto
ئۆتۆمۆبیل

fiets
دووچەرخە، پایسکل

veerboot
کەشتی گواستنەوە

boot
بەلەمی ماتۆڕی

motorfiets
ماتۆڕ

politiewagen
ئوتومبێلی پۆلیس

raceauto
ئوتومبێلی پێشبڕکێ

huurauto
ئۆتۆمۆبیلی کرێ

carsharing

ئۆتۆمۆبیل هاوبەشکردن

takelwagen

لۆری ڕاکێشکردن

vuilniswagen

لۆری زبڵ

motor

ماتۆر

benzine

سووتەمەنی

benzinepomp

وێستگەی بەنزین

verkeersbord

تابلۆی هاتووچۆ

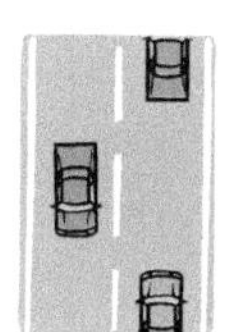

verkeer

هاتووچۆ

file

ترافیک

parkeerplaats

شوێنی ڕاگرتنی ئۆتۆمۆبیل

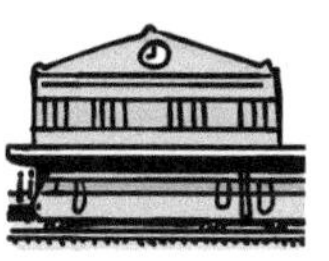

station

وێستگەی شەمەندەفەر

rails

هێڵی ئاسن

trein

شەمەندەفەر

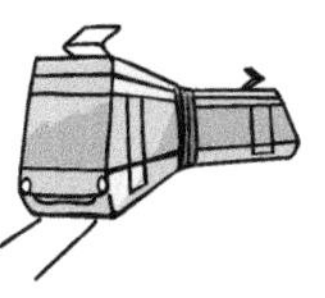

tram

قەتاری سەرشەقام

wagon

داشقە

helikopter

هەلیکۆپتەر

luchthaven

فرۆکەخانە

toren

بورج

passagier

نەفەر

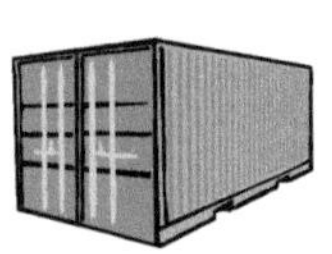

container

دەفر، کانتێنەر

verhuisdoos

کارتۆن

kar

داشقە

mand

سەوەتە

opstijgen / landen

هەڵفڕین / نیشتن

stad

شار

dorp

گوند، دێهات

stadscentrum

ناوەندی شار

huis

ماڵ، خانوو

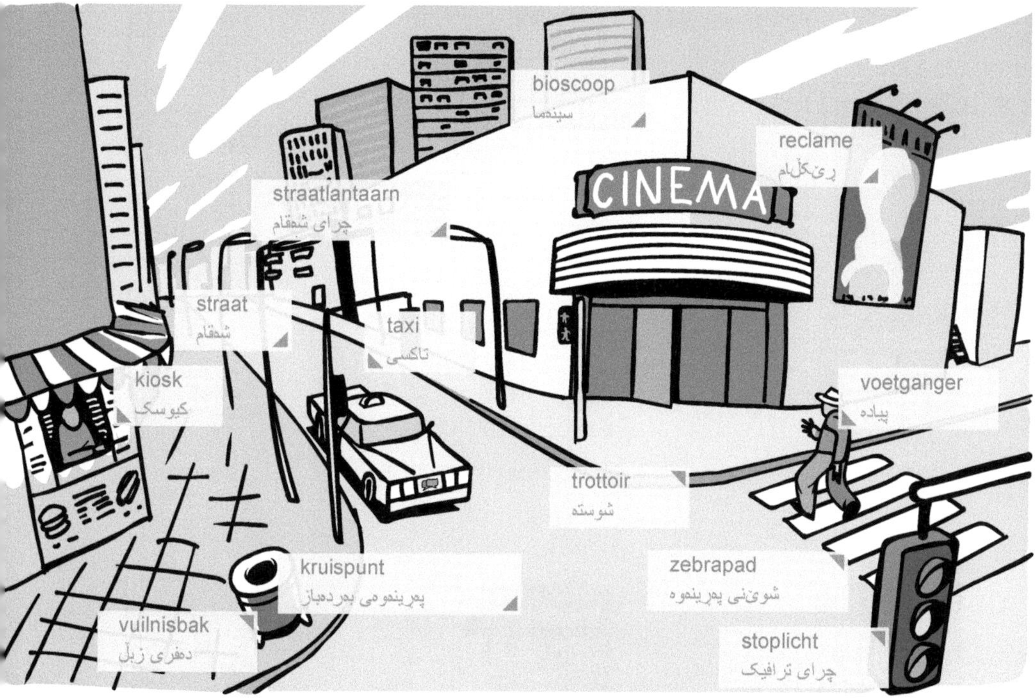

bioscoop
سینەما

reclame
ڕیکلام

straatlantaarn
چرای شەقام

straat
شەقام

taxi
تاکسی

kiosk
کیوسک

voetganger
پیادە

trottoir
شوستە

kruispunt
پەڕینەوەی بەردەباز

zebrapad
شوێنی پەڕینەوە

vuilnisbak
دەفری زبڵ

stoplicht
چرای ترافیک

hut

خانووچکە

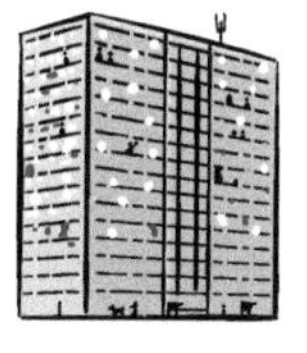

appartement

نهۆم، باڵەخانە

station

وێستگەی شەمەندەفەر

stadhuis

کۆشکی شارەوانی

museum

مۆزەخانە

school

قوتابخانە

universiteit

زانکۆ

bank

بانک

ziekenhuis

نەخۆشخانە، خەستەخانە

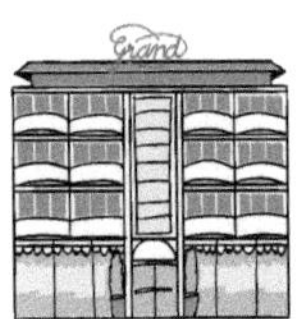

hotel

میوانخانە، هۆتێل

apotheek

دەرمانخانە

kantoor

نووسینگە، فەرمانگە

boekenwinkel

کتێبفرۆشی

winkel

دووکان

bloemenwinkel

گوڵفرۆشی

supermarkt

سوپەرمارکێت

markt

بازار

warenhuis

فرۆشگا

visboer

ماسیفرۆش

winkelcentrum

ناوەندی کڕین

haven

بەندەر

park

پارک

bank

کورسی درێژ

brug

پرد

trap

پێ پیلکان

metro

ژێرزەوی

tunnel

تونێل

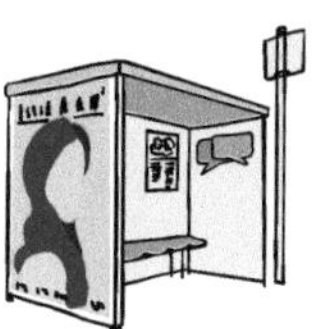

bushalte

وێستگەی پاس

bar

مەیخانە

restaurant

ڕێستۆرانت

brievenbus

سندووقی پۆست

straatnaambord

تابلۆی شەقام

parkeermeter

پێوەری پارکینگ

dierentuin

باخچەی ئاژەڵان

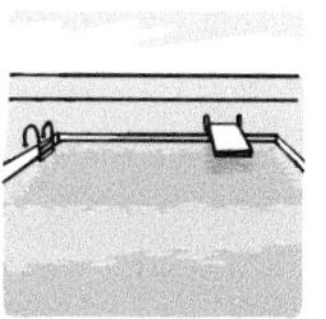

zwembad

حەوزی مەلە

moskee

مزگەوت

boerderij

مەزرا

vervuiling

پیسبوونی ژینگە

begraafplaats

قەبرستان، گۆڕستان

kerk

کەنیسە

speelplaats

شوێنی یاری

tempel

پەرستگا

landschap

دیمەن

blad
گەڵا

wegwijzer
تابڵۆی ڕێنیشاندەر

weg
ڕێگا

weide
مێرگ

steen
بەرد

wandelaar
شاخەوان

boom
دار

rivier
ڕووبار، چەم

gras
گژوگیا

bloem
گوڵ

vallei

دۆڵ، شیو

berg

بەرزایی

meer

دەریاچە

bos

دارستان

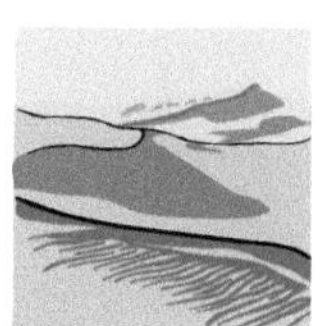

woestijn

چۆڵەوار

vulkaan

بورکان

kasteel

قەڵا

regenboog

کۆلکەزێرینە

paddenstoel

کارگ

palmboom

دارخورما

mug

مێشوولە

vlieg

مێشوولە

mier

مێروولە

bij

مێش هەنگوین

spin

جاڵجاڵۆکە

kever
....
قالۆنچە

kikker
....
بۆق

eekhoorn
....
سمۆرە

egel
....
ژیشک

haas
....
کەروێشکە کێوی

uil
....
کوند

vogel
....
باڵەندە

zwaan
....
قازی سپی

wild zwijn
....
بەرازی کێوی

hert
....
ئاسک

eland
....
بزنە کێوی

stuwdam
....
بەنداو

windmolen
....
تۆربینی با

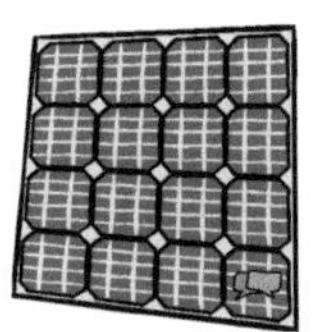

zonnepaneel
....
پەڕەی خۆری

klimaat
....
ئاووهەوا

restaurant
ڕێستۆرانت

ober
خزمەتکار
menu
لیستە، پێرست
stoel
کورسی
soep
سووپ، شۆرباو
pizza
پیتزا
bestek
چەقۆ و چەتاڵ
tafelkleed
سفرە

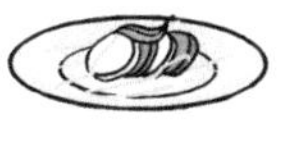

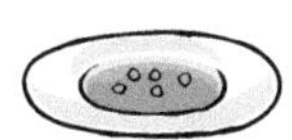

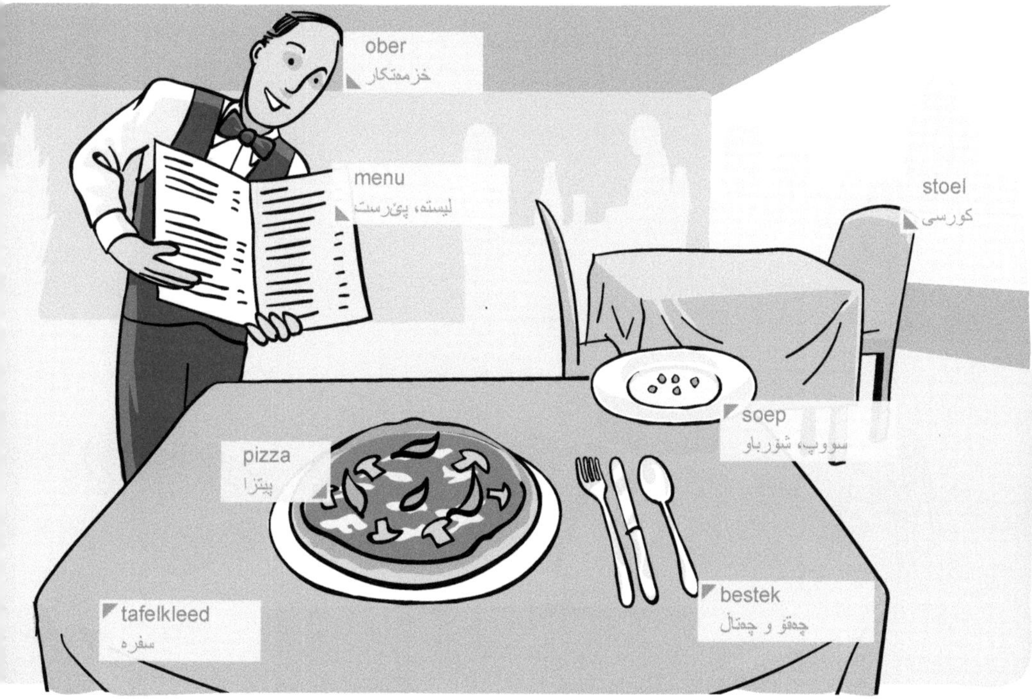

voorgerecht

خواردنی دەستپێک

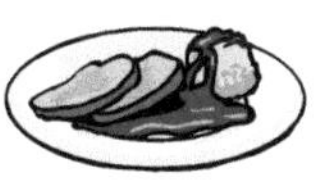

hoofdgerecht

خواردنی سەرەکی

toetje

دێسێر

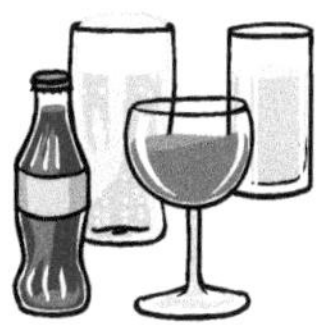

dranken

خواردنەوە

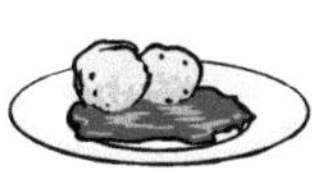

eten

خواردن

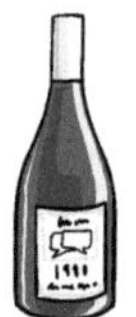

fles

بوتڵ

fastfood
....
خواردنی خێرا

eetkraampje
....
خواردنی سەرشەقام

theepot
....
قۆری

suikerpot
....
قوتووی شەکر

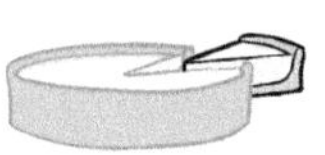

portie
....
بەش

espressomachine
....
ئامێری سازکردنی قاوەی ئێسپرەسۆ

kinderstoel
....
کورسی بەرز

rekening
....
تێچوو

dienblad
....
کەشەف

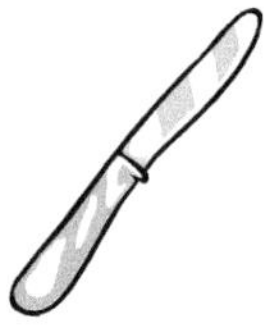

mes
....
چەقۆ

vork
....
چنگاڵ

lepel
....
کەوچک

theelepel
....
کەوچکی چا

servet
....
دەسماڵ

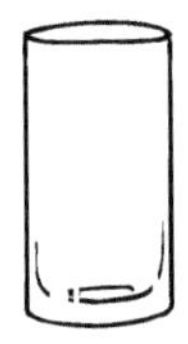

glas
....
لیوان، پەرداخ

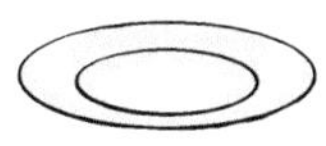

bord

قاپ، دەوری، دەفر

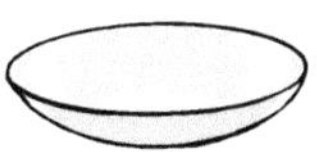

soepbord

قاپی شۆرباو

schotel

ژێرپیاڵە

saus

سۆس

zoutvaatje

خوێدان

pepermolen

هاڕەری بیبار

azijn

سرکە

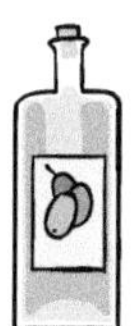

olie

ڕۆن

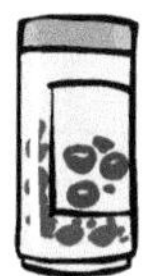

kruiden

بەهارات

ketchup

دۆشاوی تەمات، سۆسی تەماتە

mosterd

سۆسی موستارد

mayonaise

سۆسی مایۆنێز

supermarkt

سوپەرمارکێت

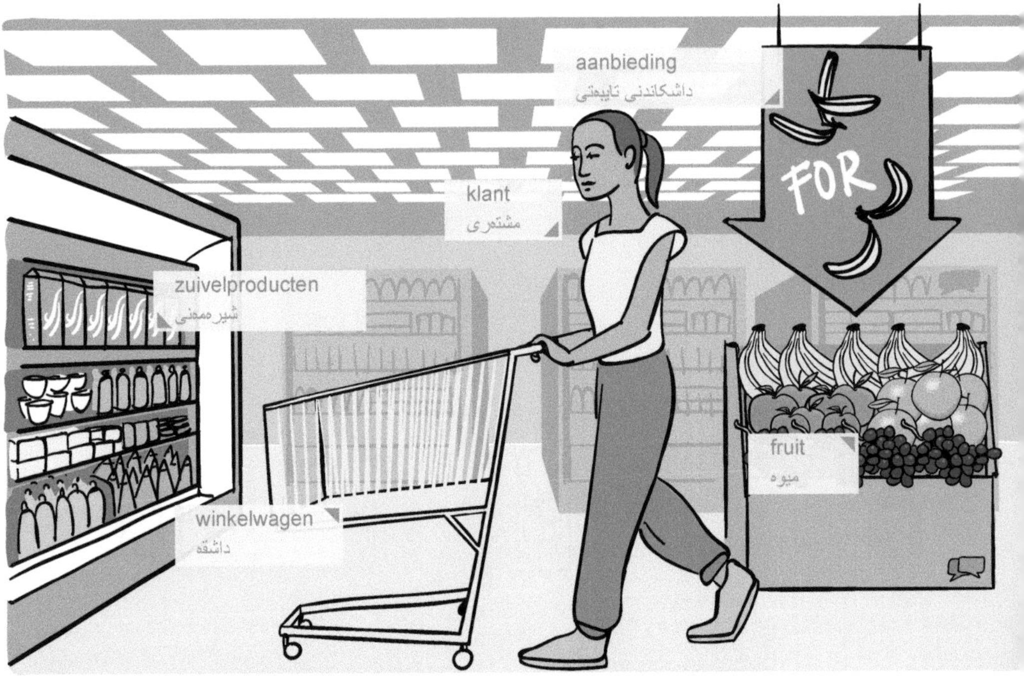

aanbieding
داشکاندنی تایبەتی
FOR
klant
مشتەری
zuivelproducten
شیرەمەنی
fruit
میوە
winkelwagen
داشقە

BUTCHERS

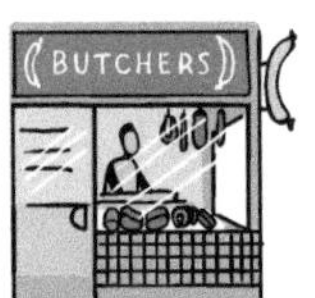

slager

دووکانی قەسابی

BAKERY

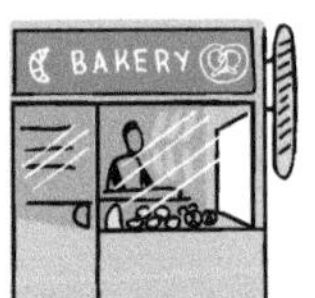

bakkerij

نانەواخانە

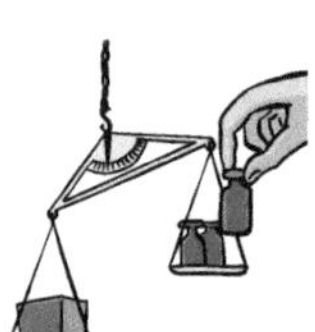

wegen

کێشان

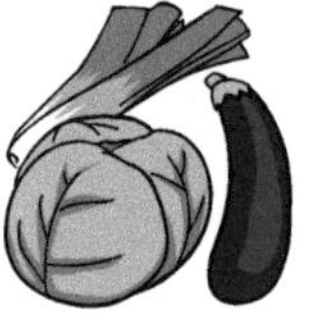

groente

سەوزی

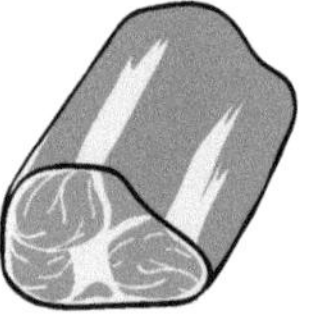

vlees

گۆشت

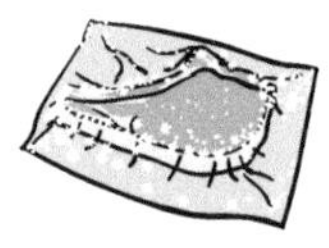

diepvriesproducten

خواردنی بەستوو

vleeswaren

....

گۆشتی سارد

conserven

....

خواردنی کۆنسێرو

wasmiddel

....

دەرمانی بشۆر

snoepgoed

....

شیرینی

huishoudelijke artikelen

....

بەرهەمی خۆماڵی

schoonmaakmiddel

....

بەرهەمی خاوێنکردنەوە

verkoopster

....

فرۆشیار

kassa

....

ژمێرەر

kassier

....

ژمێریار، خەزنەدار

boodschappenlijstje

....

لیستی کڕین

openingstijden

....

کاتی دەوام

portefeuille

....

کیسەباخەڵ، جزدان

creditkaart

....

کارتی قەرز

tas

....

توورەکە، کیسە

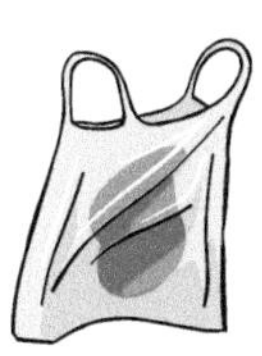

plastic zak

....

توورەکە

dranken

خواردنەوە

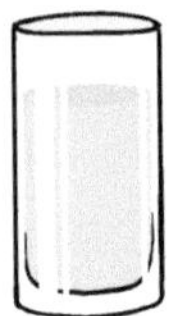

water

ئاو

sap

شەربەت

melk

شیر

cola

خەڵووز

wijn

شەراب

bier

بیرە

alcohol

ئەڵکۆل

chocolademelk

کاکاو

thee

چایی، چا

koffie

قاوە

espresso

قاوەی ئێسپرێسۆ

cappuccino

کاپۆچینۆ

eten

خواردن

banaan

....

مۆز

appel

....

سێو

sinaasappel

....

پرتەقاڵ

watermeloen

....

کاڵەک

citroen

....

لیمۆ

wortel

....

گێزەر

knoflook

....

سیر

bamboe

....

حەیزەران

ui

....

پیاز

paddenstoel

....

کارگ

noten

....

سەموونە، گوێز، ناوکە

pasta

....

نوودڵ

spaghetti

....

ماکارۆنی

rijst

....

برینج

salade

....

زەلاتە

friet

....

چیپس

gebakken aardappelen

....

پەتاتەی برژاو، پەتاتەی سوورۆکراو

pizza

....

پیتزا

hamburger

....

هەمبرگەر

sandwich

....

ساندویچ، دۆندرمە

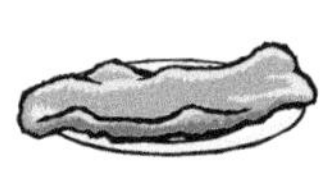

schnitzel

....

پارچە گۆشت

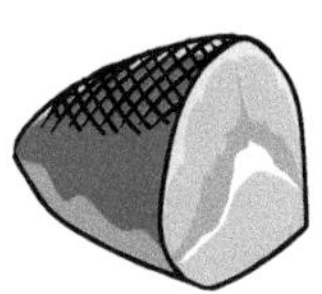

ham

....

گۆشتی بەراز

salami

....

گۆشتی بەراز

worst

....

سۆسیس

kip

....

مریشک

gebraad

....

برژاندن، برژان

vis

....

ماسی

havermout

شۆرباوی ساوار

muesli

دانەوێڵەی تێکەڵ

cornflakes

دانەی دانەوێڵە

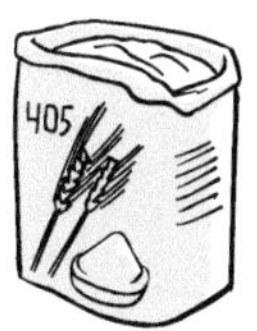

meel

نارد

croissant

کرۆسانت، نانێکی فەرەنسی

broodjes

نانی خڕ

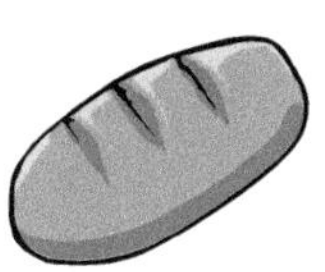

brood

نان

toast

نانی برژاو

koekjes

بسکیت

boter

کەرە، ڕۆنی کەرە

kwark

سەرتوێژ، توێژ

taart

کەیک

ei

هێلکە

gebakken ei

هێلکەی برژاو

kaas

پەنیر

ijs

بەستەنی، دۆندرمە

suiker

شەکر

honing

هەنگوین

jam

مرەبا

chocoladepasta

خامەی نۆگات

kerrie

بەهارات

boerderij
مەزرا

boerderij
کۆخ (ماڵ لە مەزرا)

schuur
تەویلە

hooibaal
کڵۆشی کا

veld
مەزرا

paard
ئەسپ

aanhangwagen
ماڵی سەفەری

tractor
تراکتور

veulen
جوانوو

ezel
کەر، گوێدرێژ

schaap
مەڕ

lam
بەرخ

geit
....
بزن

koe
....
مانگا

kalf
....
گوێلک

varken
....
بەراز

big
....
فەرخە بەراز

stier
....
جوانەگا

gans

....

قاز

eend

....

مراوی

kuiken

....

جووچک

kip

....

مریشک

haan

....

کەڵەشێر

rat

....

جرج

kat

....

پشیلە

muis

....

مشک

os

....

گا

hond

....

سە، سەگ

hondenhok

....

کوندە سە

tuinslang

....

سۆندە

gieter

....

تونگەی ئاودان

zeis

....

ماڵەغان

ploeg

....

گاسن

sikkel
....
داس

schoffel
....
مەڕە

hooivork
....
شەنە

bijl
....
تەور

kruiwagen
....
عارەبانەی دەستیی

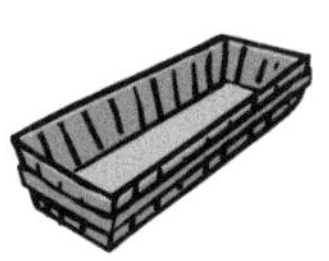

trog
....
دەفری خواردنی ئاژەڵان

melkbus
....
دەفری شیر

zak
....
تەلیس

hek
....
پەرژین

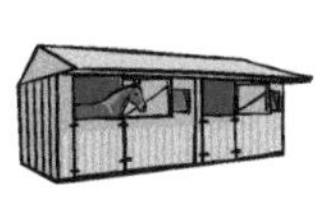

stal
....
تەویلە

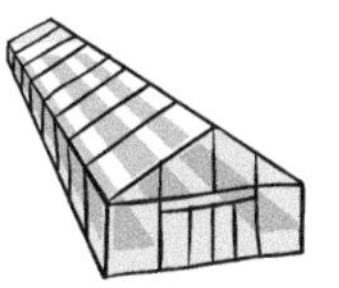

broeikas
....
گوڵخانە

grond
....
خۆڵ

zaad
....
دەنک، نۆک

mest
....
پەین

maaidorser
....
کۆمباین

oogsten

درویَنەکردن

oogst

خەرمان

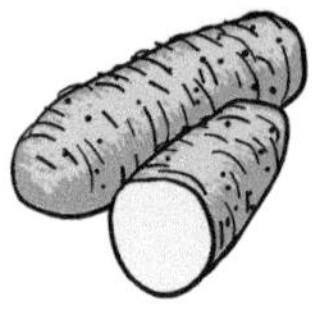

yam

پەتاتە

tarwe

گەنم

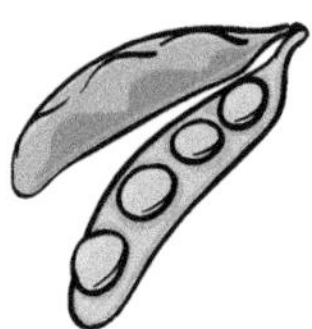

soja

لووبیا، فاسۆلیا

aardappel

پەتاتە

maïs

گەنمەشامی

koolzaad

جۆریَک دەخڵودان

fruitboom

داری بەری

maniok

سێوبنەعەرزیلە

granen

دانەویَلەی تێکەڵ

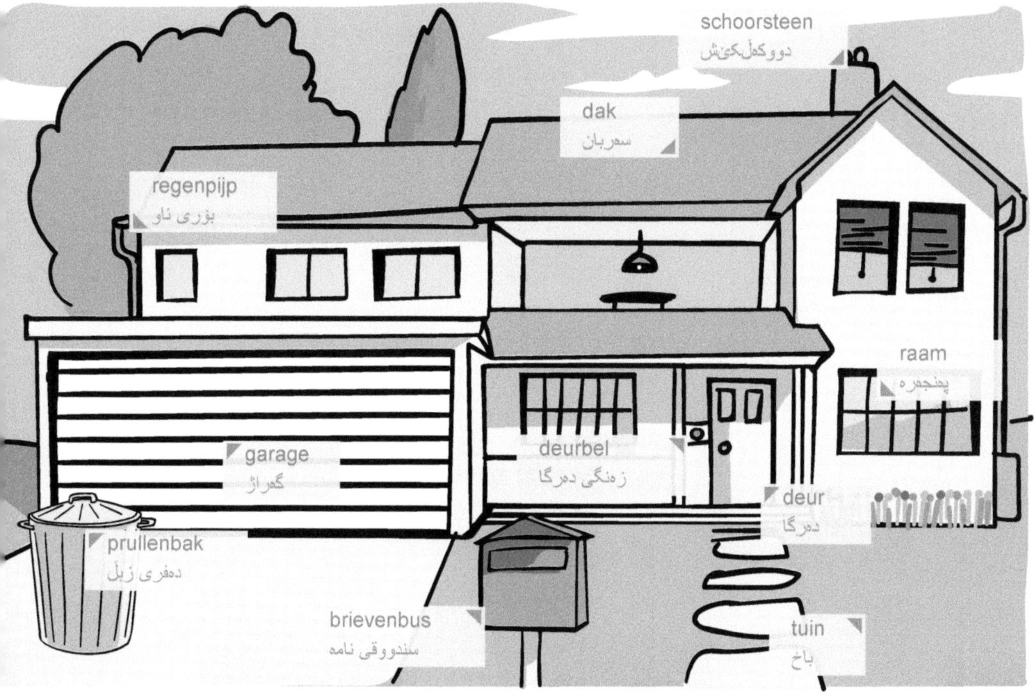

huis
ماڵ، خانوو

schoorsteen
دووکەڵکێش

dak
سەربان

regenpijp
بۆری ناو

raam
پەنجەرە

garage
گەراژ

deurbel
زەنگی دەرگا

deur
دەرگا

prullenbak
دەفری زبڵ

brievenbus
سندووقی نامە

tuin
باخ

woonkamer
....
ژووری دانیشتن

badkamer
....
حەمام، ئاودەستخانە

keuken
....
چێشتخانە

slaapkamer
....
ژووی خەو

kinderkamer
....
ژووری منداڵ

eetkamer
....
ژووری نانخوارن

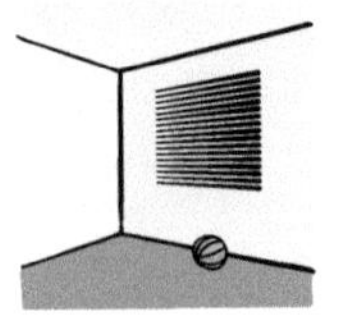

vloer

داڵان، ئەرز

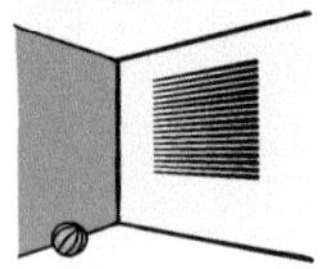

muur

دیوار

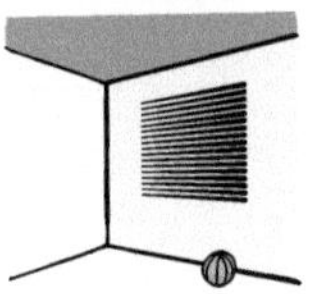

plafond

بن میچ

kelder

ژێرزەمین

sauna

ساونا

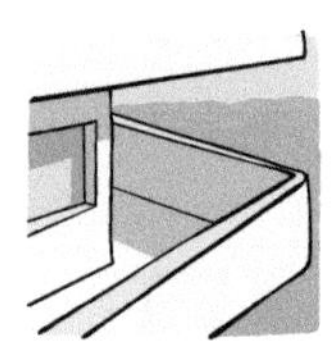

balkon

باڵکۆن، هەیوان

terras

هەیوان

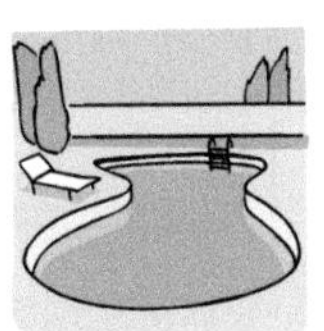

zwembad

حەوز، مەلەوانگە

grasmaaier

گژوگیابڕ

laken

مەلافە

bedsprei

مەلافەی نوێن

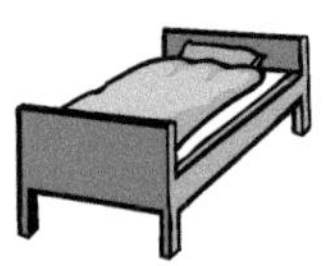

bed

پێخەف، نوێن

bezem

گسک

emmer

سەتڵ

schakelaar

سویچ، کلیل

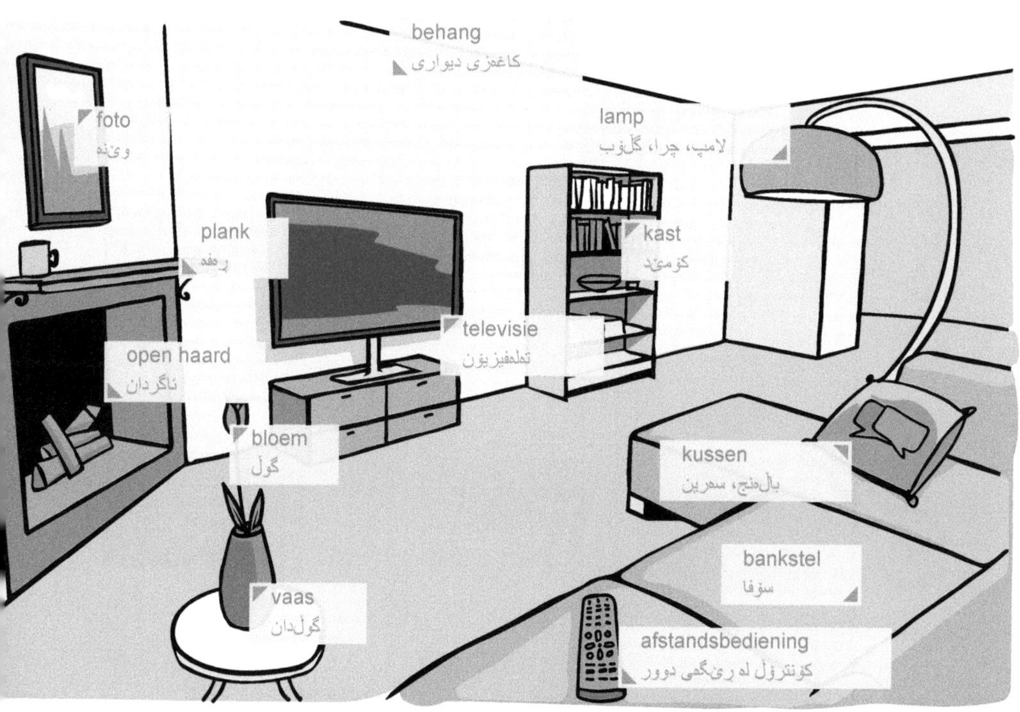

woonkamer

ژووری دانیشتن

behang
کاغەزی دیواری

foto
وێنە

lamp
لامپ، چرا، گڵۆپ

plank
ڕەفە

kast
کۆمێد

televisie
تەلەفیزیۆن

open haard
ئاگردان

bloem
گوڵ

kussen
باڵەنج، سەرین

bankstel
سۆفا

vaas
گوڵدان

afstandsbediening
کۆنترۆڵ لە ڕێگەی دوور

tapijt
فەرش

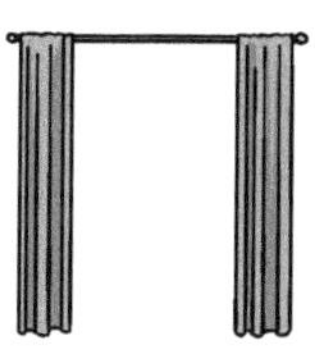

gordijn
پەردە

tafel
مێز

stoel
کورسی

schommelstoel
کورسی ڕاژاندن

stoel
کورسی دەسکدار

boek

کتێب

deken

پەتوو، بەتانی

decoratie

ڕازاندنەوە

brandhout

داری سووتاندن

film

فیلم

stereo-installatie

ستێریۆ

sleutel

کلیل

krant

ڕۆژنامە

schilderij

نیگار، نیگارکێشان

poster

پۆستەر

radio

ڕادیۆ

kladblok

تیانووس

stofzuiger

گسکی کارەبایی

cactus

کاکتووس

kaars

مۆم

keuken
چێشتخانە

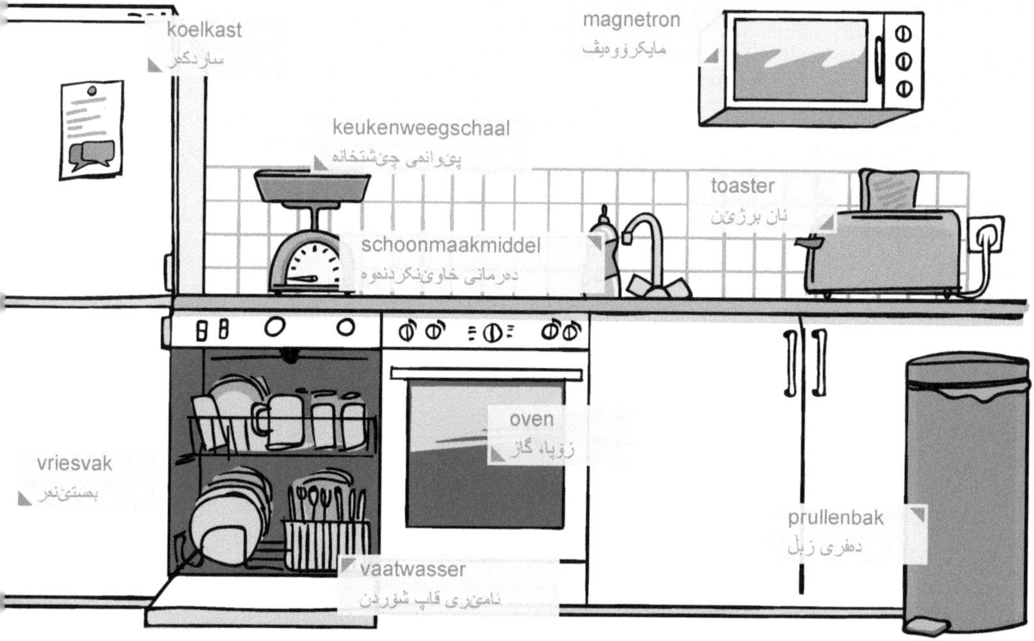
koelkast
ساردکەر
magnetron
مایکرۆوەیڤ
keukenweegschaal
پێوانمی چێشتخانە
toaster
نان برژێن
schoonmaakmiddel
دەرمانی خاوێنکردنەوە
oven
زۆپا، گاز
vriesvak
بەستێنەر
prullenbak
دەفری زبل
vaatwasser
ئامێری قاپ شۆردن

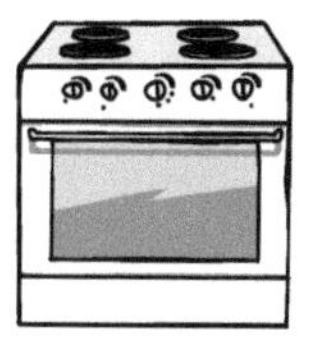

fornuis
چێشتلێنەر

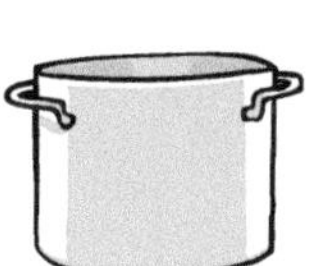

pan
مەنجەڵ

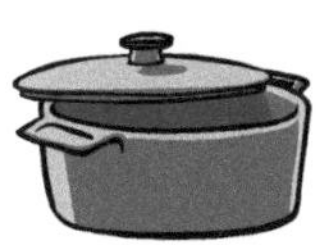

gietijzeren pan
قاپی ئوتوو

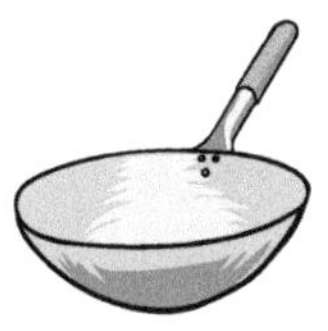

wok / kadai
تاوەی قووڵ

koekenpan
تاوە

ketel
کتری، ئاوگەمکەر

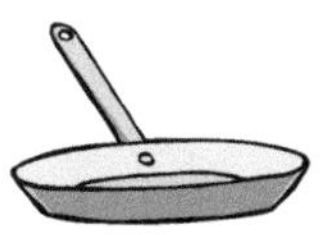

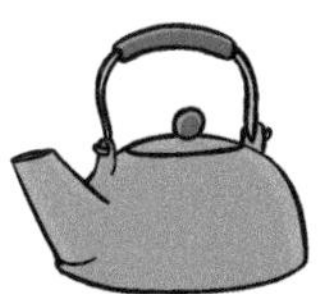

stoomkoker

چێشتلێنەری هەڵمی

bakplaat

کەشەفی نانکردن

servies

قاپ و قاچاغ

beker

کوپ

kom

قاپ

eetstokjes

چیلکەی نانخواردن

soeplepel

ئەسکوێ

spatel

کەوگیر

garde

گسک

vergiet

سووزمە

zeef

بێژنگ

rasp

نامێری جنینی پەنیر و سەوزە

vijzel

دەستار

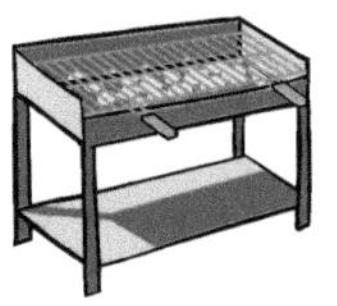

barbecue

برژاندن

vuurhaard

ئاگر

snijplank
....
تەختەی وردکردن

deegroller
....
تیرۆک

kurkentrekker
....
بورغی فلین

blik
....
قوتوو

blikopener
....
قوتووکەرەوە

pannenlap
....
دەسرەی مەنجەڵ

wasbak
....
دەسشۆر

borstel
....
فڵچە

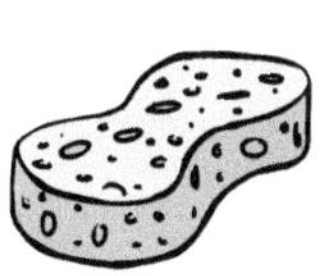

spons
....
ئیسفەنج

blender
....
تێکەڵکەر

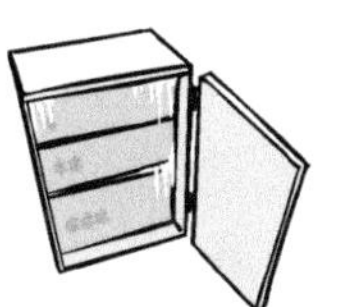

vriezer
....
قەرەسی

babyflesje
....
شووشە شیر

kraan
....
شێری ئاو

badkamer

حەمام، ئاودەستخانە

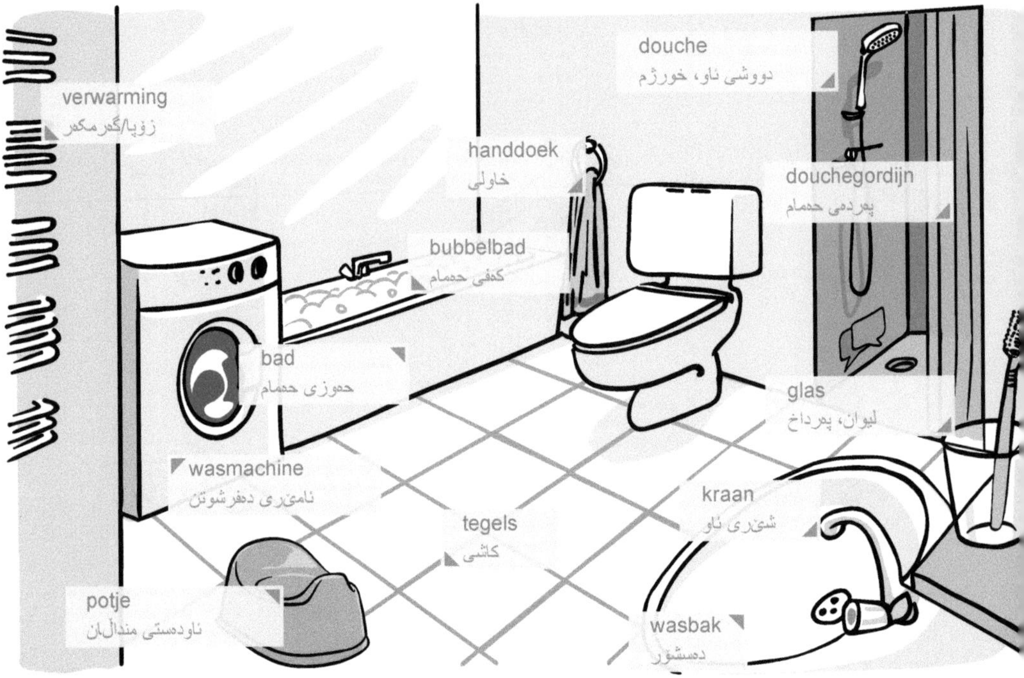

verwarming
زۆپا/گەرمکەر

douche
دووشی ئاو، خورژم

handdoek
خاولی

douchegordijn
پەردەی حەمام

bubbelbad
کەفی حەمام

bad
حەوزی حەمام

glas
لیوان، پەرداخ

wasmachine
ئامێری دەفرشوتن

kraan
شێری ئاو

tegels
کاشی

potje
ئاودەستی منداڵان

wasbak
دەستشۆر

toilet
ئاودەست، توالێت

hurktoilet
توالێتی نزم، ئاودەست

bidet
جۆرێک توالێت

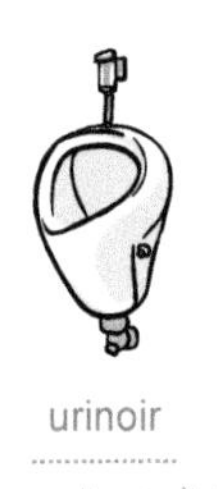

urinoir
توالێت، ئاودەست

toiletpapier
کاغەزی ئاودەستخانە

toiletborstel
فڵچەی ئاودەستخانە

tandenborstel

....

فڵچەی ددان

tandpasta

....

خەمیری ددان

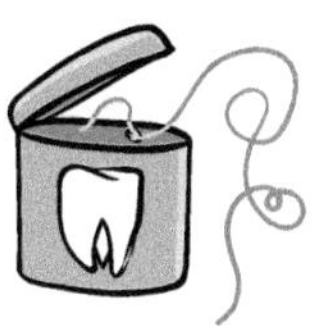

flosdraad

....

بەنی ددان

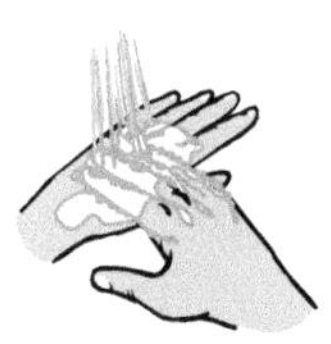

wassen

....

شۆردن، شوتن

handdouche

....

خورژمی دەستی

toiletdouche

....

دووش

waskom

....

کاسەی دەستوچاوشوتن

rugborstel

....

فڵچەی پشت

zeep

....

سابوون

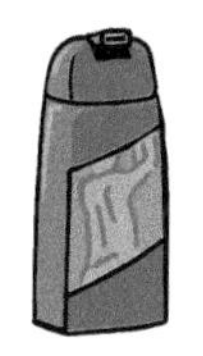

douchegel

....

جێڵی خۆشوتن

shampoo

....

شامپۆ

washanje

....

فلانێل

afvoer

....

ئاوەڕۆ

creme

....

کرێم

deodorant

....

بۆنخۆشکەرە

spiegel

....

ئاوێنە

make-upspiegel

....

ئاوێنەی دەستی

scheermes

....

مەکینەی ڕیش تاشین

scheerschuim

....

سابوونی ڕیش تاشین

aftershave

....

کرێمی دوای ڕیش تاشین

kam

....

شانە

borstel

....

فڵچە

haardroger

....

سێشوار، سەرنیشککەرەوە

haarspray

....

سپرەی قژ

make-up

....

سووراوسپیاو

lippenstift

....

سووراو

nagellak

....

ڕەنگی نینۆک

watten

....

لۆکە

nagelschaartje

....

مەقەستی نینۆک

parfum

....

عەتر

toilettas

....

کیسەی حەمام

kruk

....

کورسی بێ پشت

weegschaal

....

پێوەر

badjas

....

خاولی حەمام

rubber handschoenen

....

دەستەوانەی چەرم

tampon

....

تامپۆن

maandverband

....

خاولی خاوێنکردنەوە

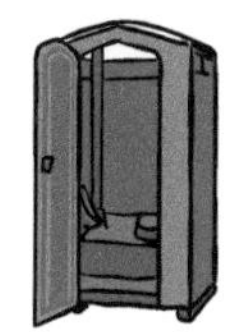

chemisch toilet

....

ئاودەستی کیمیایی

kinderkamer

ژووری منداڵ

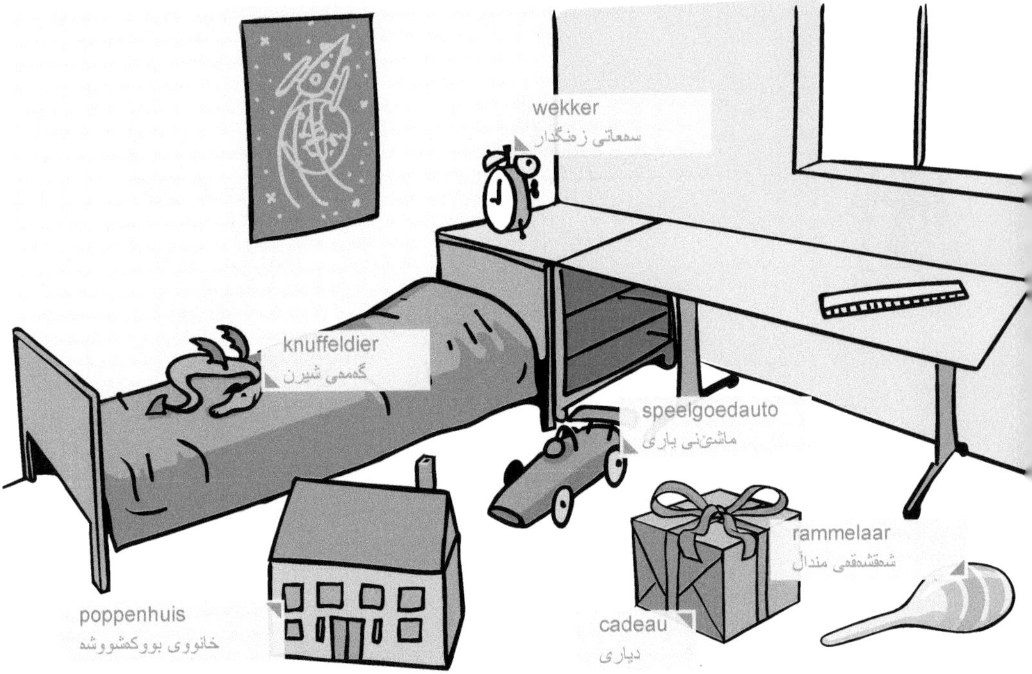

wekker
سەعاتی زەنگدار

knuffeldier
گەمەی شیرن

speelgoedauto
ماشێنی یاری

rammelaar
شەقشەقەی منداڵ

poppenhuis
خانووی بووکەشووشە

cadeau
دیاری

ballon
....
باڵۆن

bed
....
پێخەف، نوێن

kinderwagen
....
داشقەی منداڵ

kaartspel
....
گەمەی کارت

puzzel
....
مەتەڵ، مەتەڵۆک

stripverhaal
....
کۆمێدی

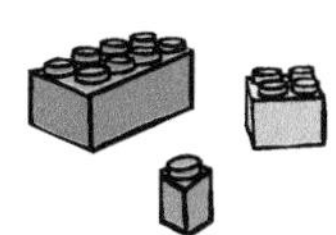

legostenen

خشتی لێگۆ

speelgoedblokken

خشتی یاری

actiefiguurtje

بووکە شووشە

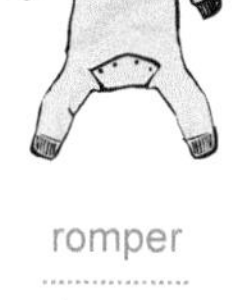

romper

جلی منداڵ

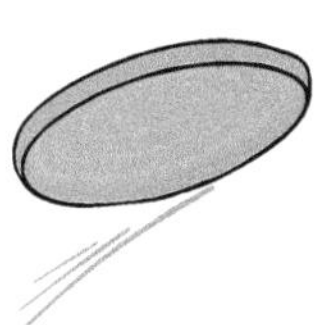

frisbee

یاری فریزبی

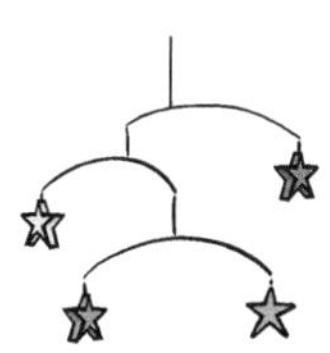

mobile

بزۆک، جووڵێنراو

bordspel

یاری تەختە

dobbelsteen

مۆرە

modeltrein

مۆدێلی شەمەندەفەر

speen

مەمکە مژە

feestje

میوانی، جەژن

prentenboek

کتێبی وێنەدار

bal

تۆپ

pop

بووکەشووشە

spelen

کایە کردن، یاری کردن

zandbak

قۆرتی خیزوخۆڵ

schommel

جۆلانە

speelgoed

کایەی منداڵان، یاری منداڵان

spelcomputer

گەمەی ویدیۆیی

driewieler

سێچەرخە

teddybeer

ورچی یاری

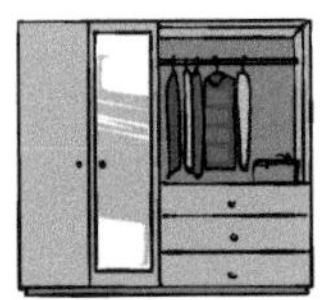

kleerkast

کەنتۆر

kleding

جلوبەرگ

sokken

گۆرەوی

kousen

گۆرەوی درێژ

panty

گۆرەوی درێژ

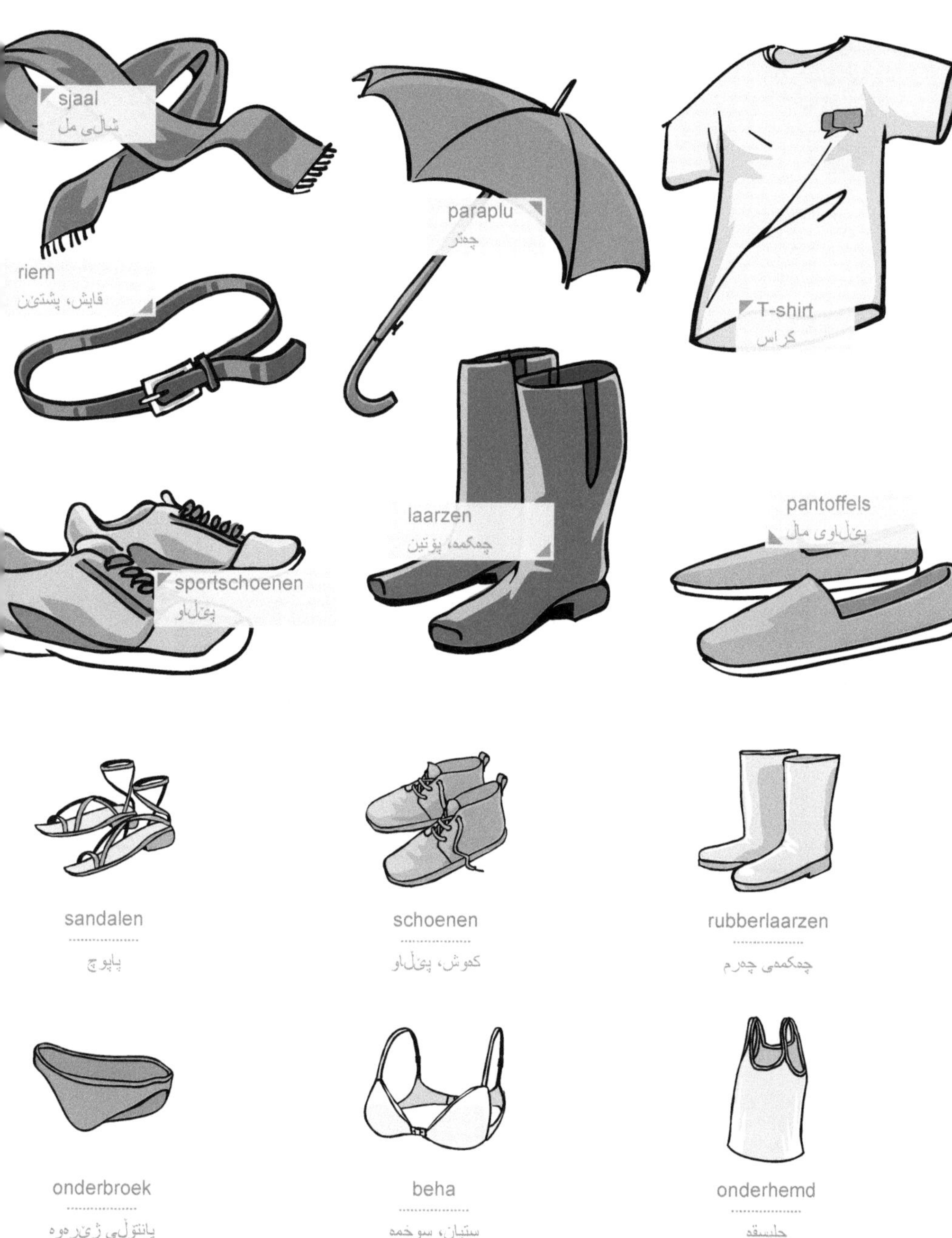
sjaal
شاڵی مل
paraplu
چەتر
riem
قایش، پشتێن
T-shirt
کراس
laarzen
چەکمە، پۆتین
pantoffels
پێڵاوی ماڵ
sportschoenen
پێڵاو
sandalen
پاپوچ
schoenen
کەوش، پێڵاو
rubberlaarzen
چەکمەی چەرم
onderbroek
پانتۆڵی ژێرەوە
beha
ستیان، سوخمە
onderhemd
جلیسقە

body

جەستە، لەش

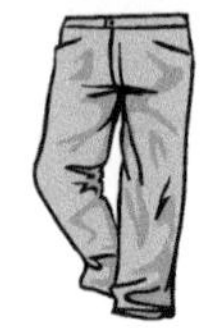

broek

پانتۆڵ

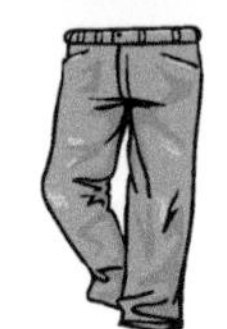

spijkerbroek

پانتۆڵ

rok

دامەن، تەنوورە

blouse

کراس

overhemd

کراس

trui

بلووز

hoody

بلووز

blazer

چاکەت

jas

چاکەت

mantel

باڵتە

regenjas

بارانی

kostuum

پۆشاک

jurk

کراسی ژنانە

trouwjurk

جلی زەماوەند

pak

چاکەت و پانتۆڵ

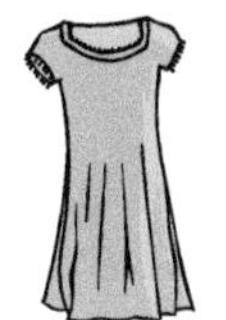

nachthemd

جلی خەو

pyjama

جلی خەو

sari

ساری

hoofddoek

لەچکە

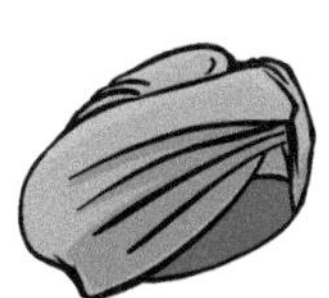

tulband

جەمەدانە، سەرپێچ

boerka

بۆرکا

kaftan

کەفتان

abaja

عەبا

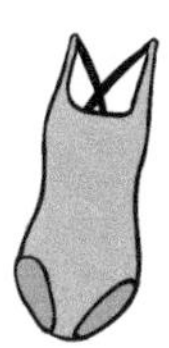

zwempak

جل و بەرگی مەلەکردن

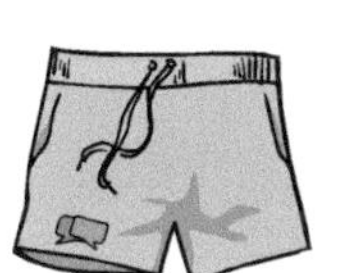

zwembroek

پانتۆڵی مەلە

korte broek

پانتۆڵی کورت

trainingspak

جلوبەرگی ڕاهێنان

schort

بەروانکە، بەرکۆشە

handschoenen

دەستەوانە

knoop

دوگمه

bril

چاویلکه

armband

بازنه

ketting

ملوانکه

ring

ئەنگوستیله

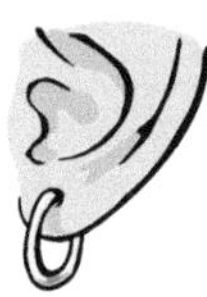

oorbel

گواره

pet

کڵاو

kledinghanger

داری جل هەڵواسین

hoed

کڵاو

stropdas

بۆینباخ

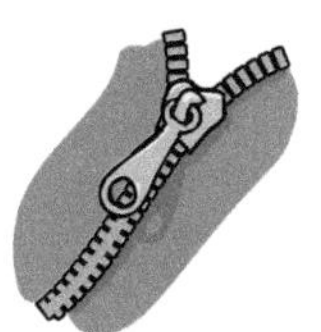

rits

زیپ

helm

کڵاوی پارێزەر

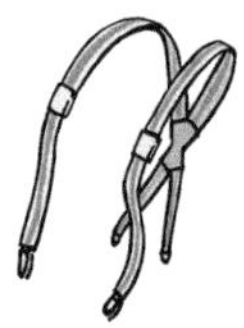

bretels

هەڵگر

schooluniform

جلی قوتابخانە

uniform

یەکپۆش

slabbetje

بەرلیکە، بەرکۆشی منداڵ

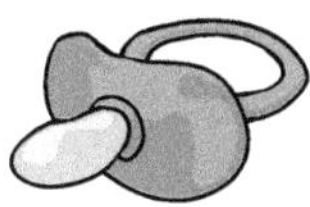

speen

مەمکە مژە

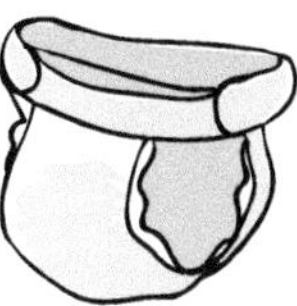

luier

دایبی، پەڕۆشۆر

kantoor

نووسینگە، فەرمانگە

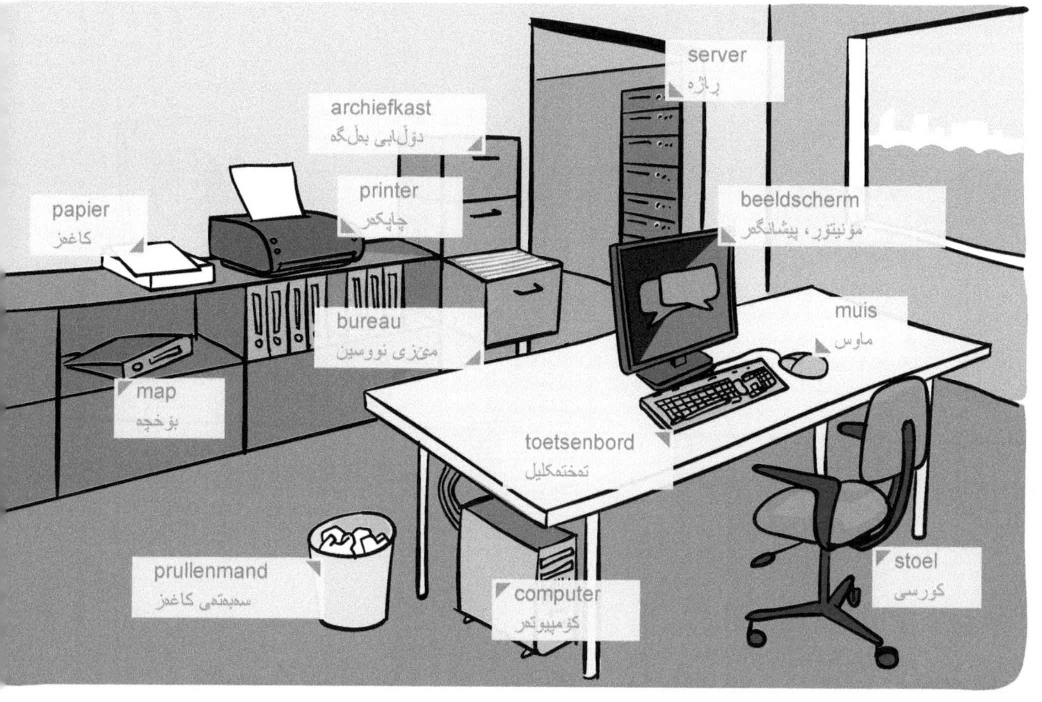

server
ڕاژە

archiefkast
دۆڵابی بەڵگە

printer
چاپکەر

papier
کاغەز

beeldscherm
مۆنیتۆر، پیشانگەر

muis
ماوس

bureau
مێزی نووسین

map
بۆخچە

toetsenbord
تەختەکلیل

prullenmand
سەبەتەی کاغەز

computer
کۆمپیوتەر

stoel
کورسی

koffiemok

کۆپی قاوە

rekenmachine

ژمێرەر

internet

ئینتەرنێت

laptop

....

لەپتۆپ

brief

....

نامە

bericht

....

پەیام

mobiele telefoon

....

موبایل، تەلەفۆنی دەست

netwerk

....

تۆڕ

kopieermachine

....

نامێری لەبەرگرتنەوە، کۆپیکەر

software

....

نەرمەکاڵا

telefoon

....

تەلەفۆن

stopcontact

....

ساکێتی دووشاخە

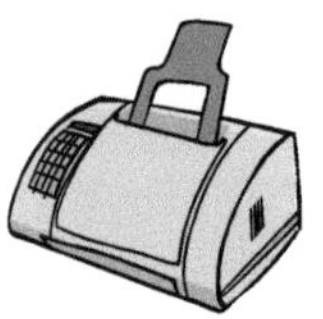

fax

....

نامێری فەکس

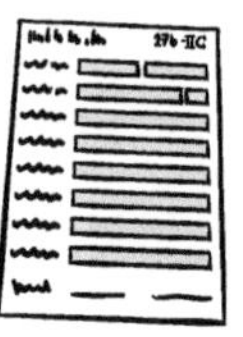

formulier

....

فۆرم

document

....

بەڵگە

economie

ئابووری

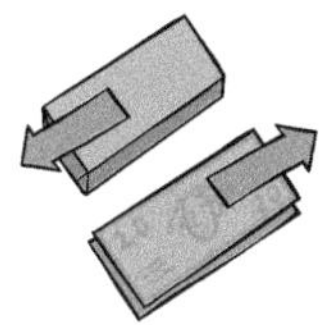

kopen

کڕین

betalen

پارەدان

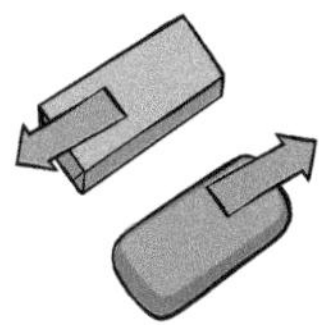

handel drijven

بازرگانی، ئاڵوگۆڕکردن

geld

پارە، دراو

dollar

دۆلار

euro

یۆرۆ

yen

یەن

roebel

ڕوبڵی ڕووسی

Zwitserse frank

فرانکی سویسی

renminbi yuan

یوان، یەکەی دراوی چینی

roepie

ڕووپییە

geldautomaat

مەکینەی پارە

wisselkantoor

نووسینگەی گۆڕینەوەی دراو

goud

زێڕ

zilver

زیو

olie

نەوت

energie

وزە

prijs

بەها، نرخ

contract

ڕێکەوتننامە

belasting

باج

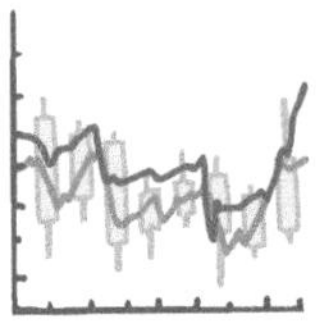

aandeel

سەهام

werken

کارکردن

werknemer

کارمەند، کارکەر

werkgever

خاوەنکار

fabriek

کارخانە

winkel

دووکان

beroepen

ئیشەکان

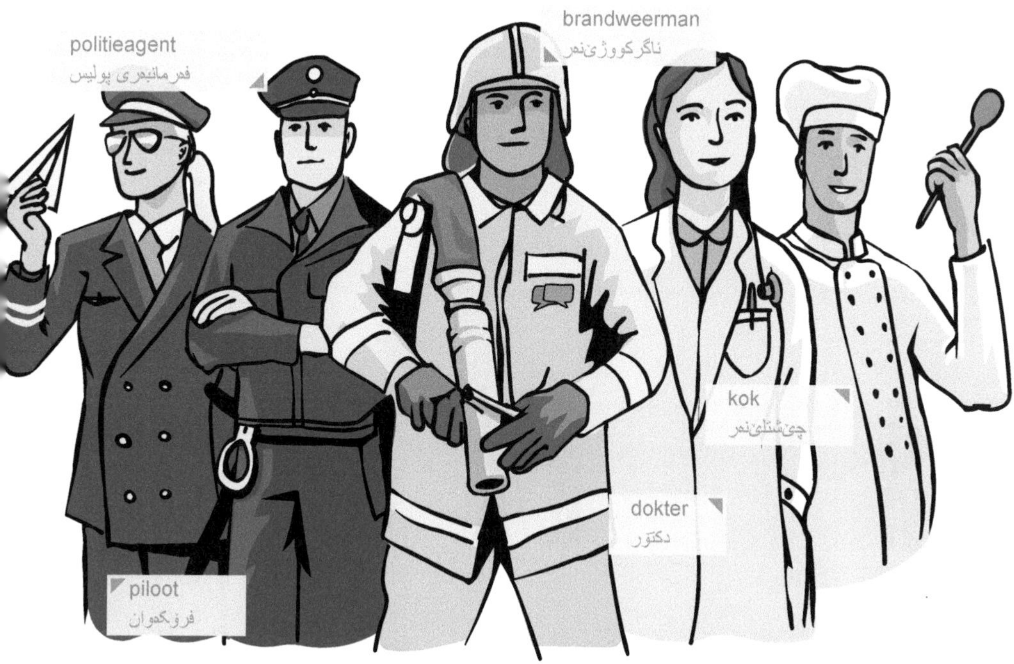

politieagent
فەرمانبەری پولیس
brandweerman
ئاگرکووژێنەر
kok
چێشتلێنەر
dokter
دکتۆر
piloot
فڕۆکەوان

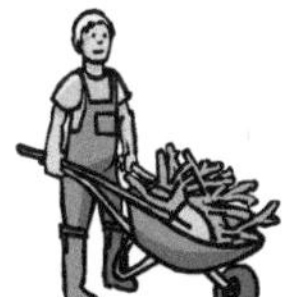

tuinman

باخەوان

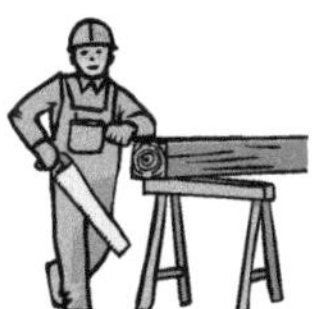

timmerman

دارتاش، مەرەنگوێز

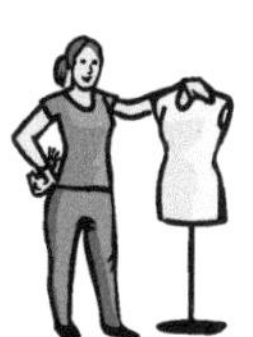

naaister

خەییات

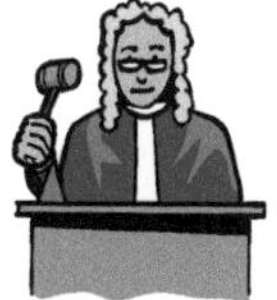

rechter

دادوەر

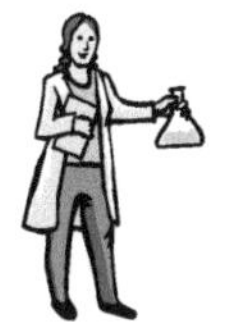

scheikundige

کیمیازان

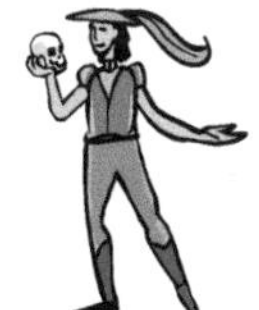

toneelspeler

شانۆگەر، شانۆکار

buschauffeur

شۆفیری پاس

taxichauffeur

شۆفیر تاکسی

visser

ماسیگر

schoonmaakster

کڵفەت

dakdekker

وەستای سەربان

ober

خزمەتکار

jager

ڕاوچی

schilder

بۆیاخچی

bakker

نانکەر

elektricien

کارەباچی

bouwvakker

بەننا

ingenieur

ئەندازیار

slager

قەساب

loodgieter

وەستای بۆری

postbode

پۆستەچی

soldaat

....

سەرباز

architect

....

نەخشەکێش

kassier

....

ژمێریار، خەزەندار

bloemist

....

گوڵفرۆش

kapper

....

ئارایشگەر

conducteur

....

گەیێنەر

monteur

....

میکانیک

kapitein

....

کەشتیوان

tandarts

....

ددانساز، دوکتوری ددان

wetenschapper

....

زانا

rabbi

....

مەلای جوولەکان

imam

....

ئیمام

monnik

....

کەسی ئایینی

pastoor

....

قەشە

gereedschap

ئامراز و کەرەستە

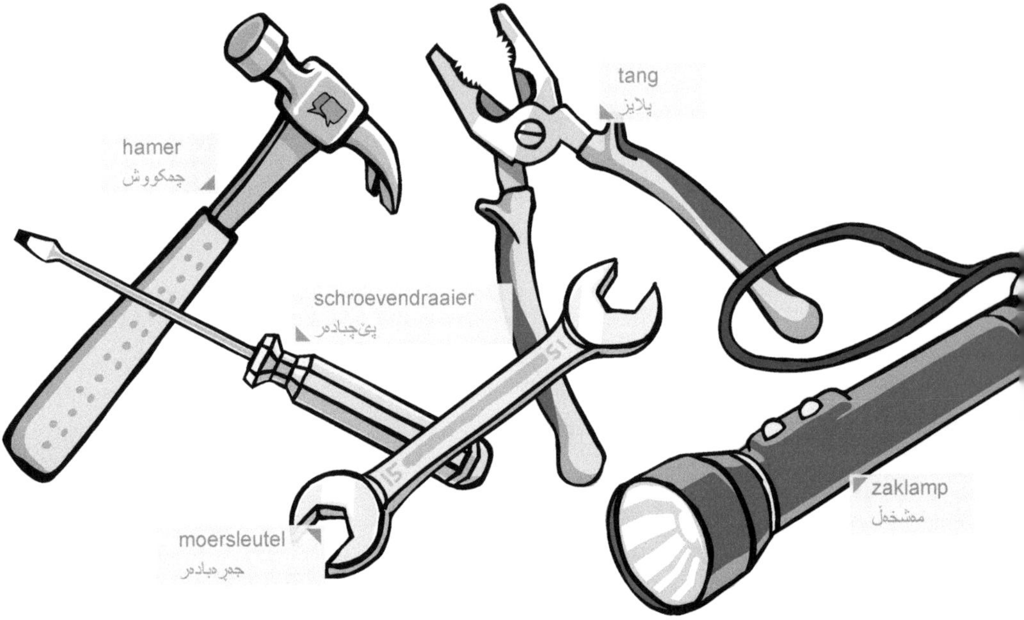

hamer
چەکووش

tang
پلایز

schroevendraaier
پێچبادەر

moersleutel
جەڕەبادەر

zaklamp
مەشخەڵ

graafmachine
....
شۆفڵ

gereedschapskist
....
سندووقی ئامراز

ladder
....
پەیژە

zaag
....
مشار

spijkers
....
بزمارەکان

boor
....
کونکەرە

repareren

چاککردنەوە

schep

پێمەڕە

Verdorie!

نەفرەت!

stofblik

خاکەناز

verfpot

قتووی بۆیاخ

schroeven

پێچەکان، جەرەکان

muziekinstrumenten

ئامێرەکانی مووزیک

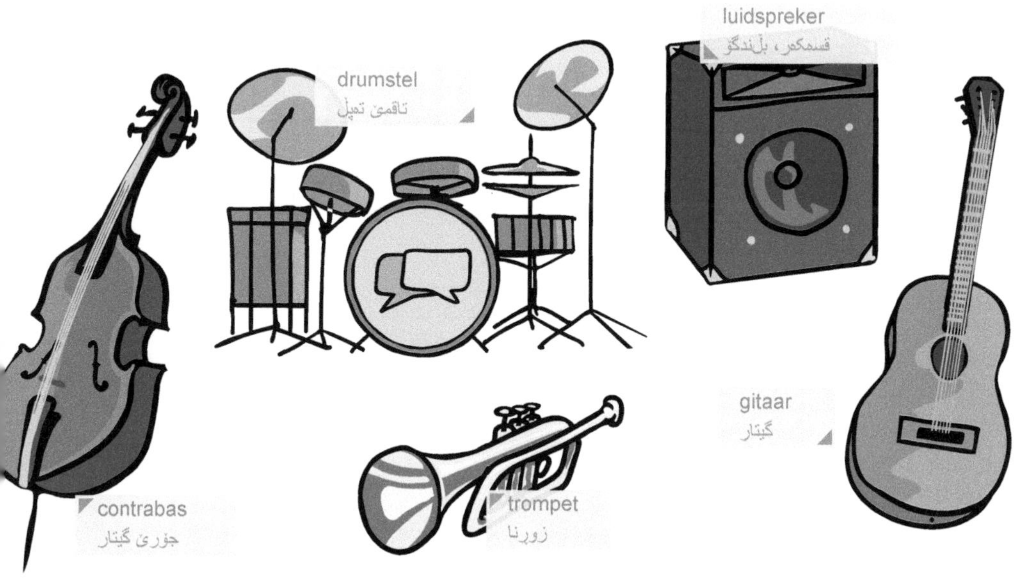

luidspreker
قسەکەر، بڵندگۆ

drumstel
تاقمی تەپڵ

contrabas
جۆری گیتار

trompet
زورنا

gitaar
گیتار

piano

....

پیانۆ

viool

....

کەمانچە

bas

....

گیتار

pauk

....

دەهۆڵ

trommel

....

تەپڵ

keyboard

....

تەختەکلیل

saxofoon

....

ساکسافۆن

fluit

....

فلووت، شمشاڵ

microfoon

....

مایکرۆفۆن

dierentuin

باخچەی ئاژەڵان

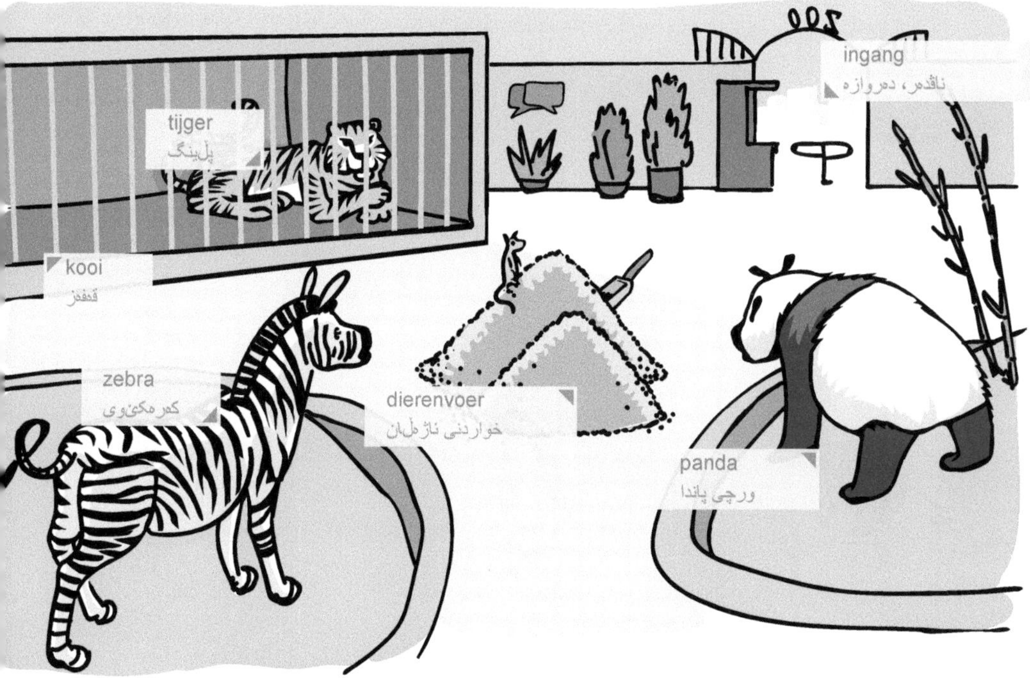

tijger
پڵینگ

ingang
ئاقدەر، دەروازە

kooi
قەفەز

zebra
کەرەکێوی

dierenvoer
خواردنی ئاژەڵان

panda
ورچی پاندا

dieren
ئاژەڵەکان

olifant
فیل

kangoeroe
کانگۆرۆ

neushoorn
کەرکەدەن

gorilla
گۆریلا

beer
ورچ

kameel

وشتر

struisvogel

وشترمریشک

leeuw

شێر

aap

مەیموون

flamingo

فڵامینگۆ

papegaai

تووتی

ijsbeer

ورچی جەمسەری

pinguïn

پێنگوین

haai

قرش، سەگەماسی

pauw

تاووس

slang

مار

krokodil

تیمساح

dierenverzorger

پارێزەری باخچەی ئاژەڵان

zeehond

سەگی دەریایی

jaguar

پڵینگ

pony

ئەسپی قەزەم

luipaard

پشیلەی پڵینگی

nijlpaard

ئەسپی ئاوی

giraffe

زەرافە

adelaar

هەڵۆ

wild zwijn

بەرازی کێوی

vis

ماسی

schildpad

کیسەڵ

walrus

واڵڕاس، ئاژەڵێکی دەریایی

vos

ڕێوی

gazelle

ئاسک

sport

وەرزش

American football
تۆپی پێی ئەمریکی
wielrennen
دووچەرخەی خوڕین
tennis
تێنیس
basketbal
تۆپی باسکە
zwemmen
مەلەکردن
boksen
بۆکسێن
ijshockey
هۆکی سەر سەهۆڵ
voetbal
فووتبۆڵ
badminton
بەدمینتۆن
atletiek
وەرزشوان
handbal
هەندباڵ
skiën
خلیسکێن
polo
پۆلۆ

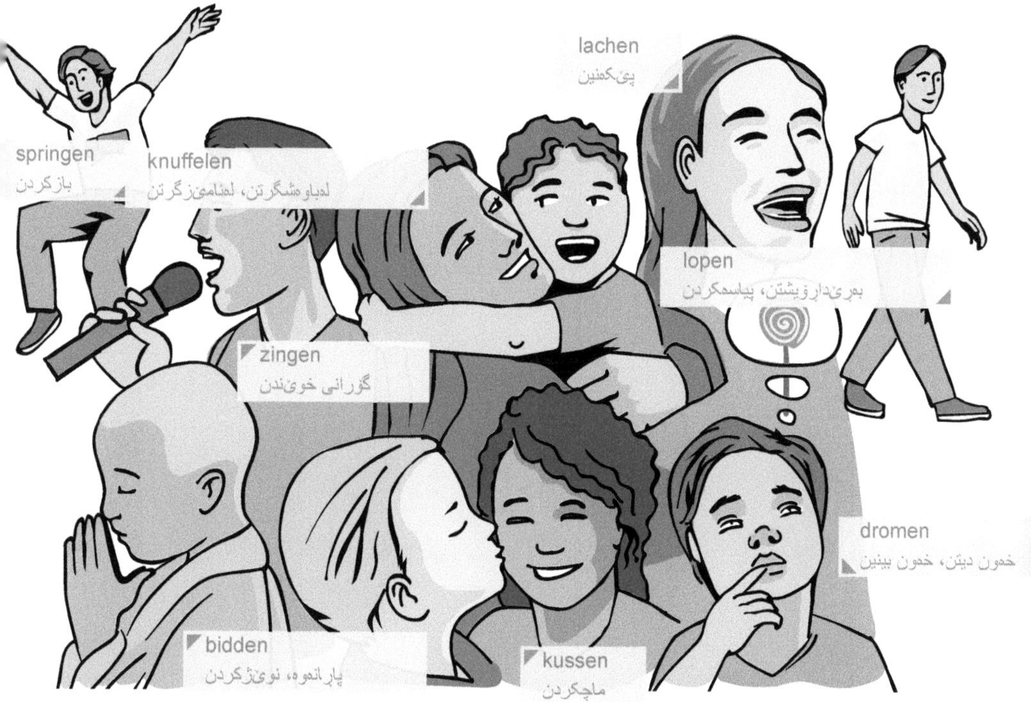

lachen
پێکەنین

springen
بازکردن

knuffelen
لەباوەشگرتن، لەئامێزگرتن

lopen
بەرێداڕۆیشتن، پیاسەکردن

zingen
گۆرانی خوێندن

dromen
خەون دیتن، خەون بینین

bidden
پاڕانەوە، نوێژکردن

kussen
ماچکردن

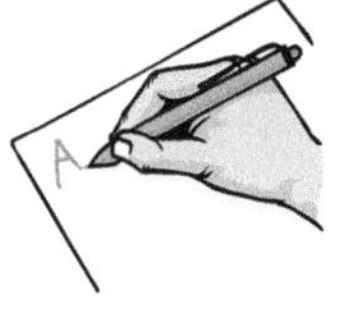

schrijven
....
نووسین

tekenen
....
وێنەکێشان

tonen
....
نیشاندان

duwen
....
پاڵ پێوەنان

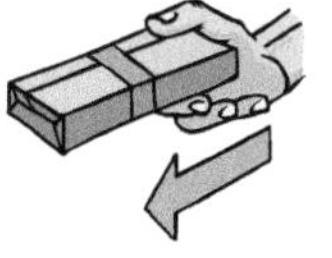

geven
....
دان

oppakken
....
هەڵگرتن

hebben

هەبوون

doen

کردن

zijn

بوون

staan

ڕاوەستان

rennen

هەڵاتن

trekken

کێشان

gooien

هاویشتن

vallen

کەوتن

liggen

درێژکردن

wachten

چاوەڕێبوون

dragen

هەڵگرتن

zitten

دانیشتن

aankleden

جل لەبەرکردن

slapen

خەوتن

wakker worden

لەخەو هەستان

bekijken

چاولێکردن

huilen

گریان

strelen

جەڵتەلێدان

kammen

قژداهێنان، شانەکردن

praten

قسەکردن

begrijpen

تێگەیشتن

vragen

پرسیارکردن، پرسین

horen

گوێڕاگرتن

drinken

خواردنەوە

eten

خواردن

opruimen

ڕێکوپێک کردن

houden van

خۆشویستن

koken

چێش لێنان

rijden

شۆفێریکردن

vliegen

فڕین

zeilen

....

کەشتیوانی

rekenen

....

حسابکردن، ژماردن

lezen

....

خوێندنەوە

leren

....

فێربوون

werken

....

کارکردن

trouwen

....

زەماوەندکردن

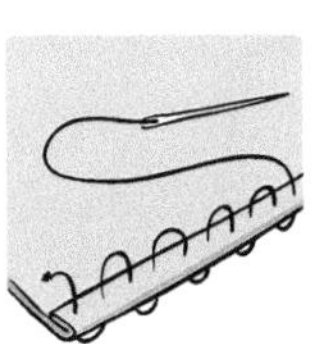

naaien

....

دورین، دورومانکردن

tandenpoetsen

....

فڵچە لەددان دان

doden

....

کوشتن

roken

....

جگەرەکێشان

verzenden

....

ناردن

familie

بنەماڵە

grootmoeder
دایەگەورە

grootvader
باوەگەورە

vader
باوک، باب

moeder
دایک

baby
منداڵی ساوا

dochter
کچ

zoon
کوڕ

gast

میوان

tante

پوور

oom

مام، خاڵ

broer

برا

zus

خوشک

lichaam

جەستە، لەش

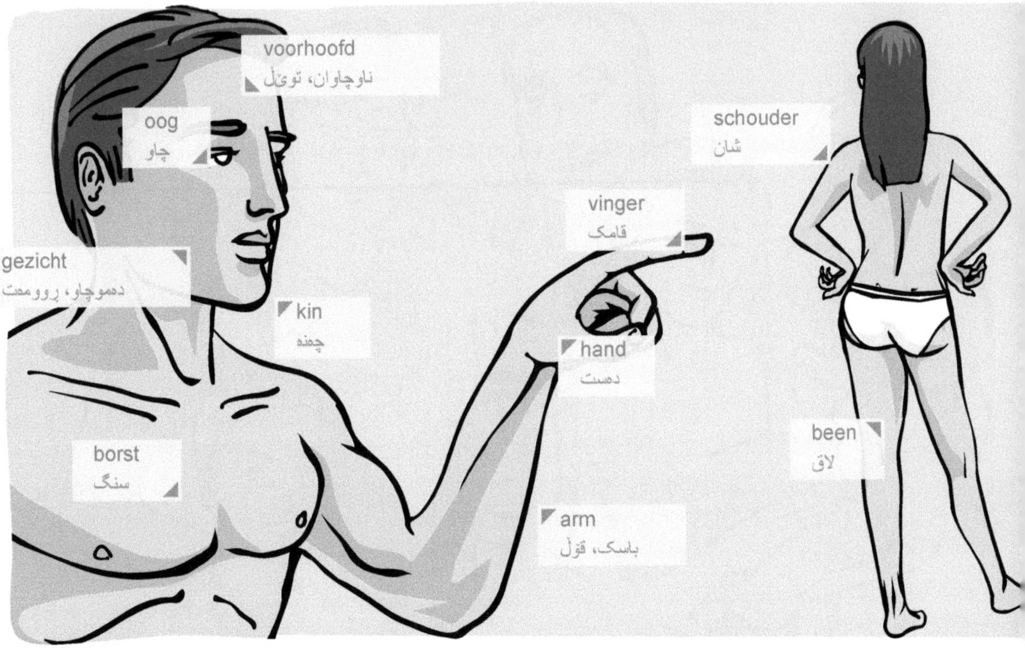

voorhoofd
ناوچاوان، تویڵ

oog
چاو

schouder
شان

vinger
قامک

gezicht
دەموچاو، ڕوومەت

kin
چەنە

hand
دەست

been
لاق

borst
سنگ

arm
باسک، قۆڵ

baby

منداڵی ساوا

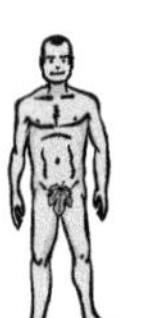

man

پیاو

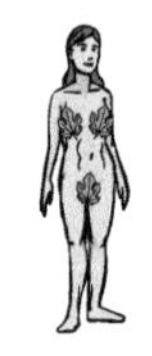

vrouw

ژن

meisje

کچ

jongen

کوڕ

hoofd

سەر

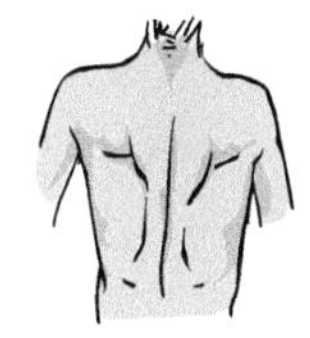

rug

پشت

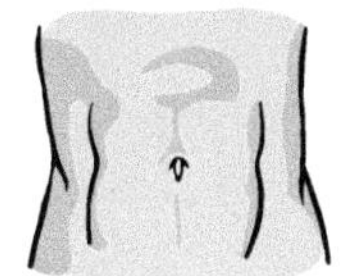

buik

زگ

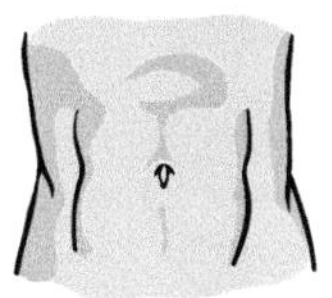

navel

ناوک

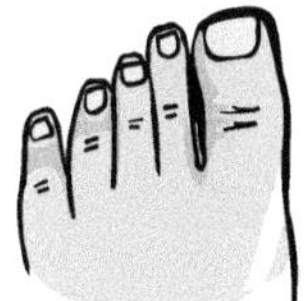

teen

قامکی پێ

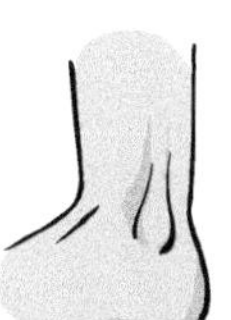

hiel

پاژنەی پێ

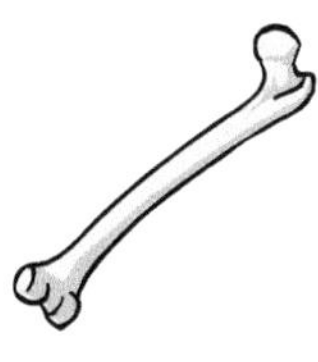

bot

ئێسقان، ئێسک

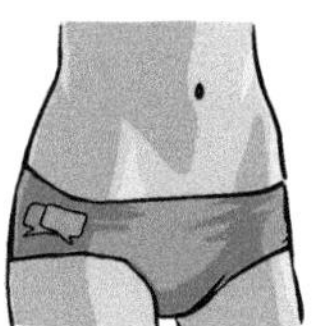

heup

سمت

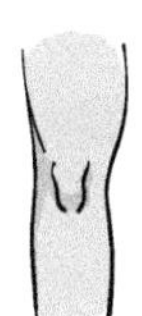

knie

ئەژنۆ

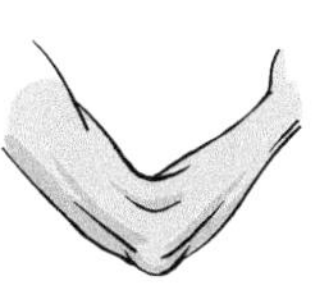

elleboog

ئانیشک

neus

لووت

achterwerk

قوون

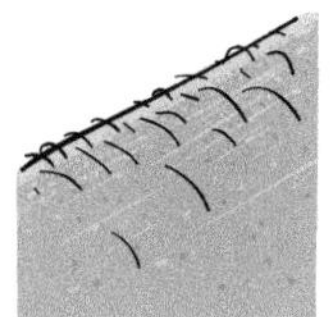

huid

پێست

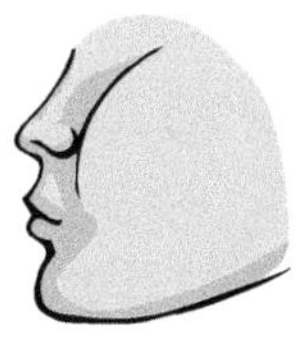

wang

گوپ

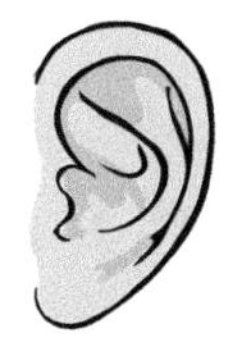

oor

گوێ

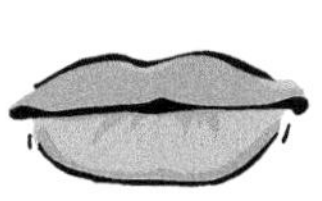

lippen

لێو

mond

....

دەم، زار

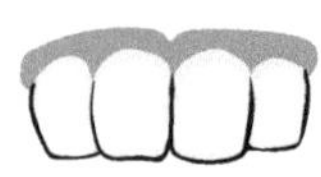

tand

....

ددان

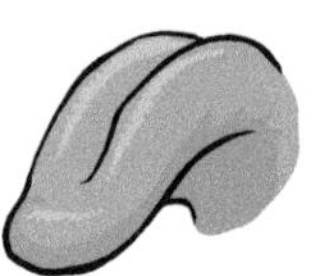

tong

....

زمان

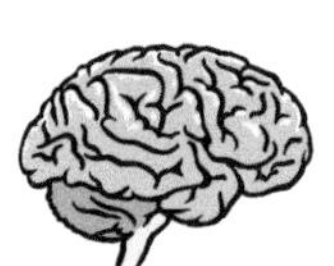

hersenen

....

مێشک

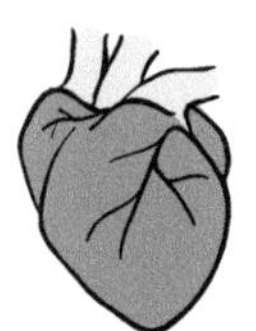

hart

....

دڵ

spier

....

ماسوولکە

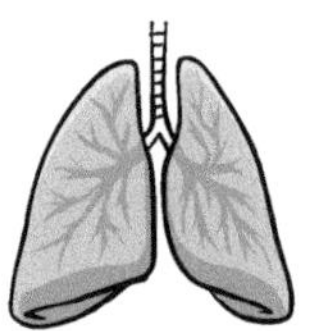

long

....

سیپەلاک، سی

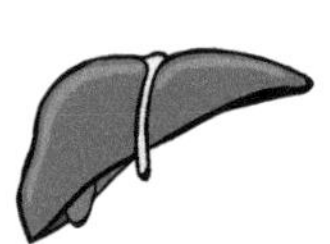

lever

....

جەرگ

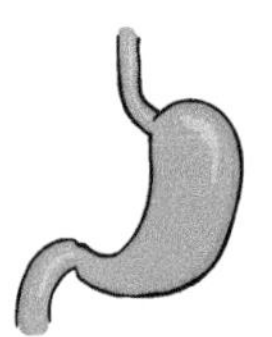

maag

....

گەدە

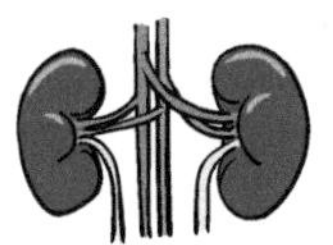

nieren

....

گورچیلە

geslachtsgemeenschap

....

سێکس

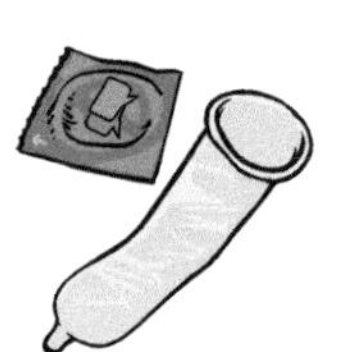

condoom

....

کۆندۆم

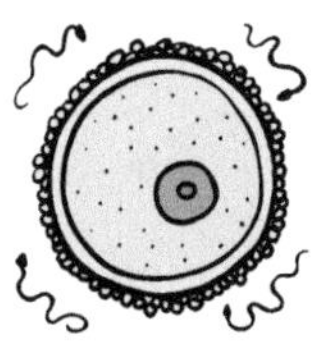

eicel

....

توو، گەرا

sperma

....

تۆو

zwangerschap

....

دووگیانی

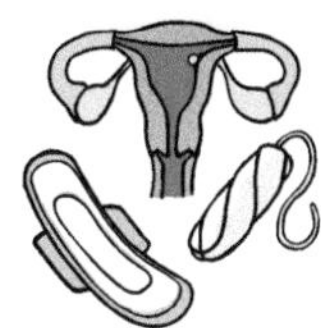

menstruatie

کەوتنە سەر خوێن

vagina

زێ

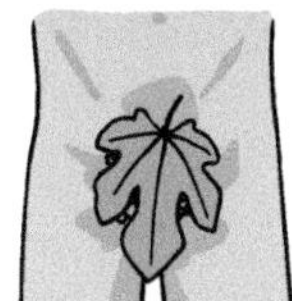

penis

کێر

wenkbrauw

برۆ

haar

قژ

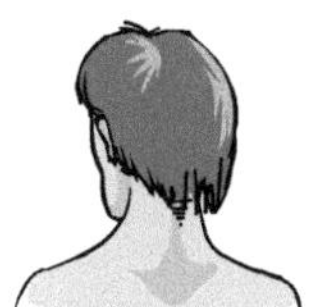

hals

مل

ziekenhuis

نەخۆشخانە، خەستەخانە

ziekenhuis
نەخۆشخانە، خەستەخانە

ambulance
ئامبولانس

rolstoel
کورسی کەمئەندامان

fractuur
شکانی ئێسک

dokter

دکتۆر

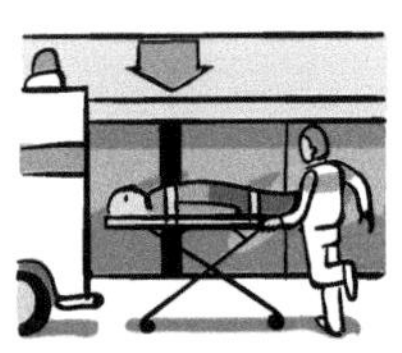

EHBO

ژووری فریاکەوتن

verpleegster

نەخۆشوان

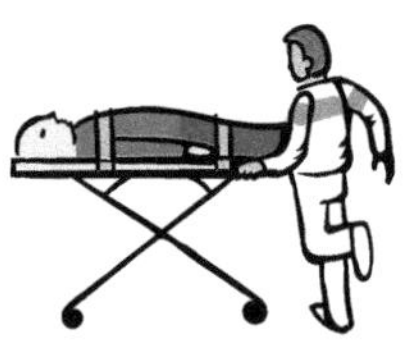

noodgeval

ئورژانس، بەشی فریاکەوتن

bewusteloos

بێهۆش

pijn

ژان، ئێش

verwonding

برینداری

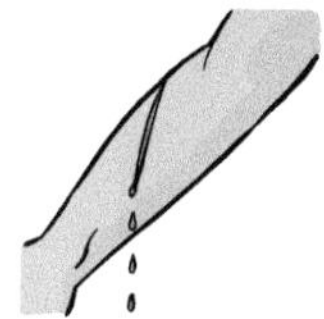

bloeding

خوێنڕێژی

hartaanval

جەڵتەی دڵ

beroerte

جەڵتە

allergie

ئالێرژی، هەستیاری

hoest

کۆخە

koorts

تا

griep

ئەنفلۆنزا

diarree

زگچوون

hoofdpijn

سەرێشە، ژانەسەر

kanker

سەرەتان

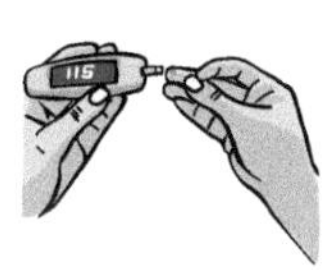

diabetes

شەکرە

chirurg

نەشتەرگەر

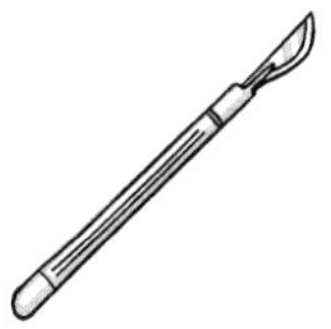

scalpel

نەشتەر، چەقۆی توێکاری

operatie

نەشتەرگەری

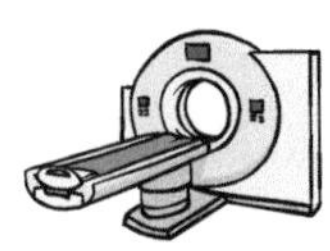

CT

....

CT

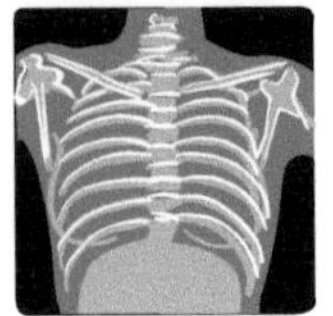

röntgen

....

تیشکی ئێکس

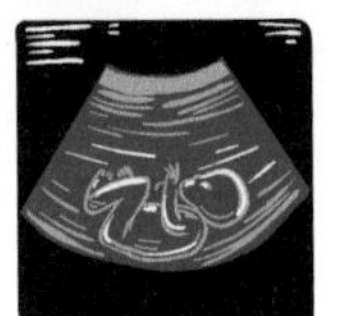

echografie

....

ئوڵتراساوند

gezichtsmasker

....

ماسکی ڕوومەت

ziekte

....

نەخۆشی

wachtkamer

....

ژووری چاوەڕێبوون

kruk

....

گۆچان

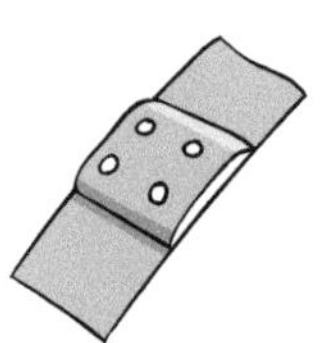

pleister

....

مشەما

verband

....

برین پێچ

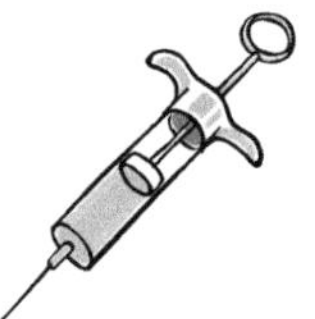

injectie

....

دەرزی لێدان

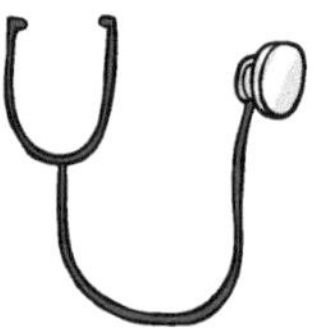

stethoscoop

....

بیستۆکی پزیشک

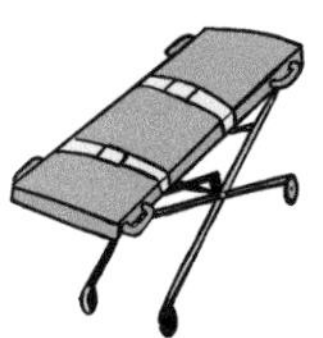

brancard

....

داربەست

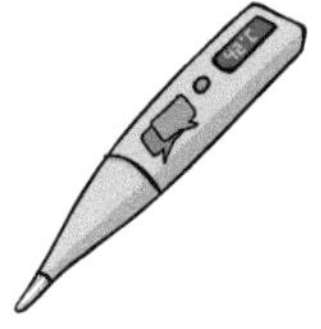

thermometer

....

گەرماپێوی کلینیکی

geboorte

....

لەدایکبوون

overgewicht

....

زیادەکێشە/قەڵەویی

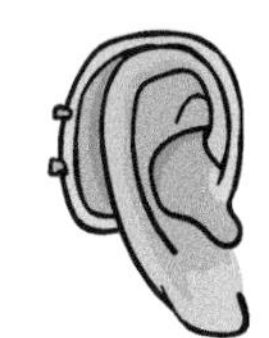

gehoorapparaat

....

بیستۆک

ontsmettingsmiddel

....

میکرۆبکوژ

infectie

....

چڵک

virus

....

ویروس

HIV / AIDS

....

ئەیدز

medicijn

....

دەرمان

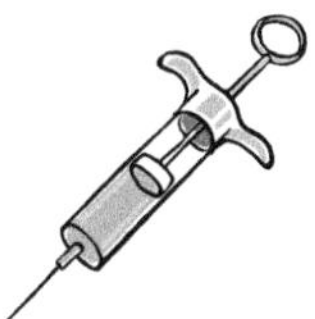

inenting

....

کوتان

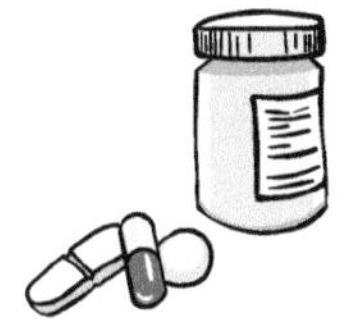

tabletten

....

حەب

pil

....

حەب

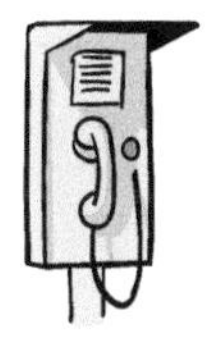

alarmnummer

....

تەلەفونی فریاکەوتن

bloeddrukmeter

....

پیشانگەری پەستانی خوێن

ziek / gezond

....

نەخۆش / سڵامەت

noodgeval

ئورژانس، بەشی فریاکەوتن

Help!

یارمەتی!

alarm

ئاگادارکردنەوە، ئەلارم

overval

دەستدرێژی

aanval

هێرشکردن

gevaar

مەترسی

nooduitgang

چوونەدەرەوەی ئورژانس

Brand!

ئاگر!

brandblusser

ئاگرکوژێنەوە

ongeluk

ڕووداو، پێشهات

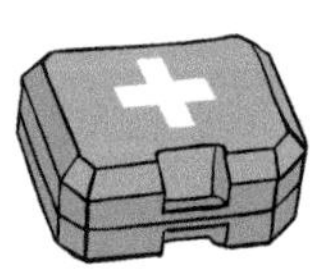

EHBO-koffer

قوتووی یارمەتی فریاکەوتن

SOS

SOS

politie

پولیس

Europa

ئەورۆپا

Noord-Amerika

ئەمریکای باکوور

Zuid-Amerika

ئەمریکاری باشوور

Afrika

ئافریقا

Azië

ئاسیا

Australië

ئوسترالیا

Atlantische Oceaan

ئەتڵەسی، ئۆقیانووسی ئەتڵەسی

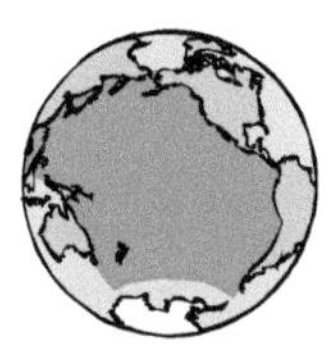

Stille Oceaan

زەریای هێمن

Indische Oceaan

ئۆقیانووسی هیندی

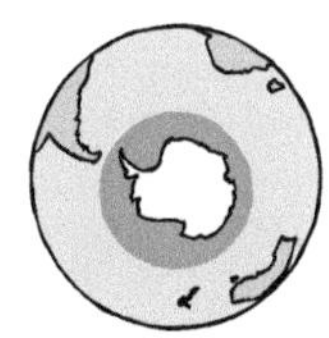

Zuidelijke Oceaan

ئۆقیانووسی جەمسەری باشوور

Noordelijke IJszee

ئۆقیانووسی جەمسەری باکوور

Noordpool

جەمسەری باکوور

Zuidpool

جەمسەری باشوور

Antarctica

ناوچەی جەمسەری باشوور

aarde

ئەرز، زەوی

land

خاک، وشکانی

zee

دەریا، زەریا

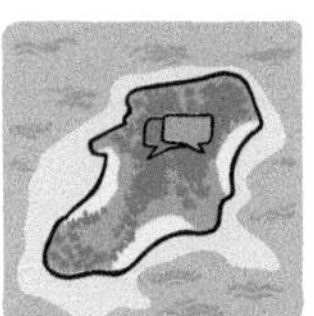

eiland

دوورگە

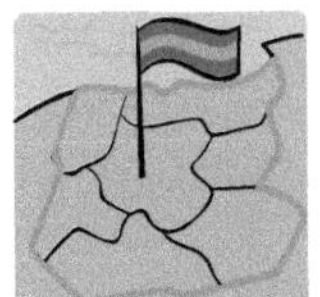

natie

گەل، نەتەوە

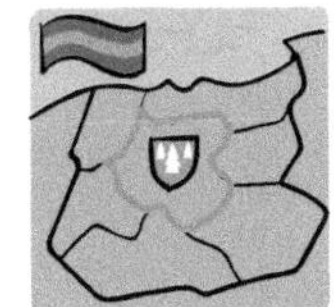

staat

وڵات، پارێزگا، دەوڵەت

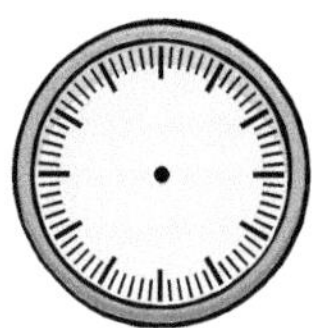

wijzerplaat

....

ڕوخساری کاتژمێر

uurwijzer

....

نیشاندەری کاتژمێر

minutenwijzer

....

نیشاندەری خولەک

secondewijzer

....

دەستی دوو

Hoe laat is het?

....

کاتژمێر چەندە؟، سەعات چەندە؟

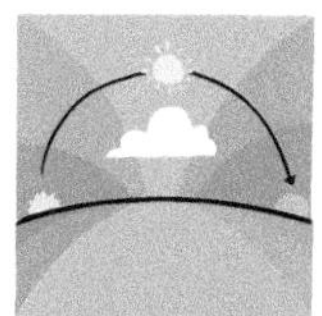

dag

....

ڕۆژ

tijd

....

کات، زەمان

nu

....

ئێستا، هەنووکە

digitaal horloge

....

کاتژمێری دیجیتاڵی

minuut

....

خولەک

uur

....

کاتژمێر

week

هەفتە

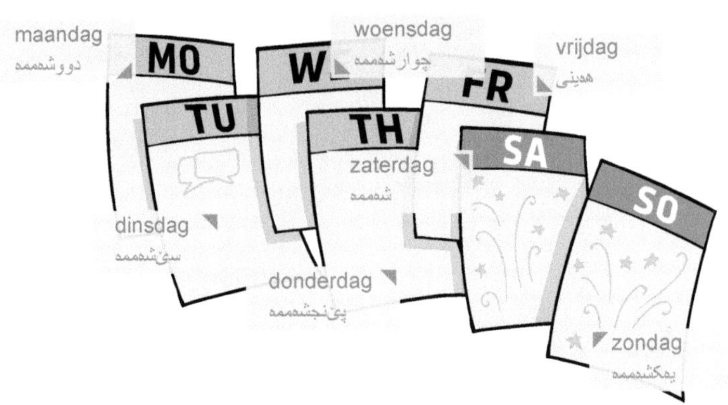

gisteren

دوێنێ

vandaag

ئەمڕۆ، ئەوڕۆ

morgen

سبەینێ

ochtend

بەیانی

middag

نیوەڕۆ

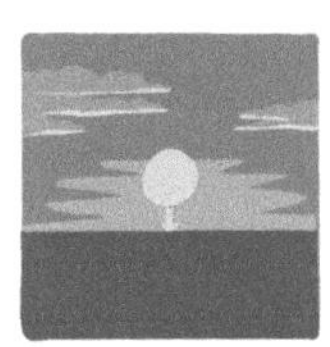

avond

ئێوارە

MO	TU	WE	TH	FR	SA	SU
1	2	3	4	5	6	7
8	9	10	11	12	13	14
15	16	17	18	19	20	21
22	23	24	25	26	27	28
29	30	31	1	2	3	4

werkdagen

ڕۆژی کار

MO	TU	WE	TH	FR	SA	SU
1	2	3	4	5	6	7
8	9	10	11	12	13	14
15	16	17	18	19	20	21
22	23	24	25	26	27	28
29	30	31	1	2	3	4

weekend

کۆتایی هەفتە

jaar
ساڵ

regen
باران

regenboog
کۆلکەزێرینە

wind
بازکردن

sneeuw
بەفر

voorjaar
بەهار

zomer
هاوین

herfst
پاییز

winter
زستان

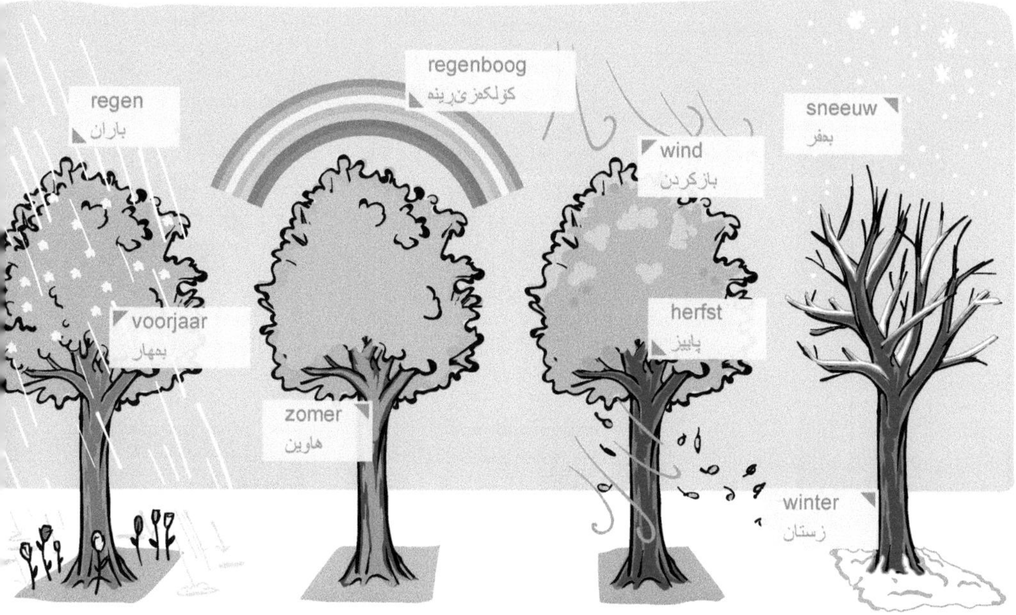

weerbericht
....
پێشبینی هەوا

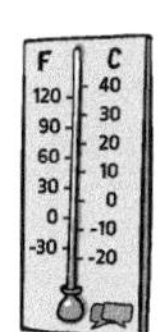

thermometer
....
گەرماپێو

zonneschijn
....
خۆرەتاو

wolk
....
هەور

mist
....
تەموومژ

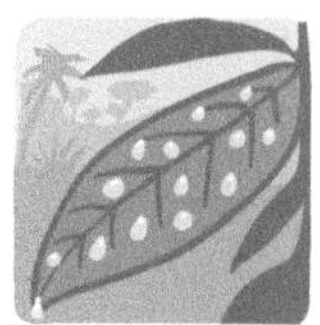

luchtvochtigheid
....
تەڕایی

bliksem

هەورەتریشقە، بروسکە

donder

هەورەگرمە

storm

باوبۆران، تۆفان

hagel

تەرزە

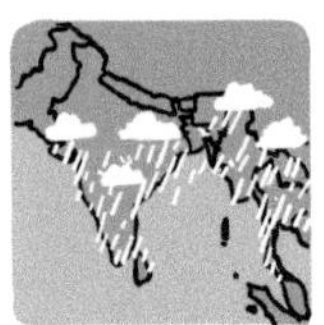

moesson

مانسوون

overstroming

لافاو

ijs

سەهۆڵ

januari

جانیوەری

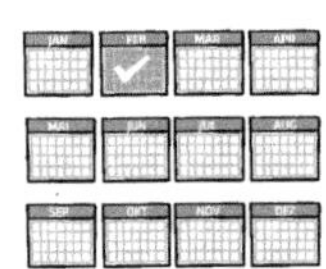

februari

فێبریوەری

maart

مارچ

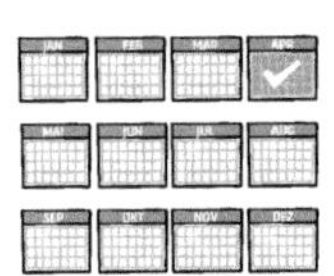

april

ئەپیریل

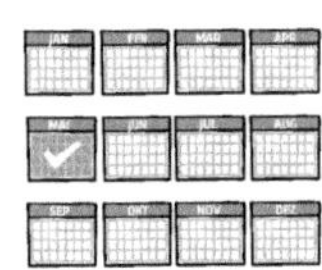

mei

مەی

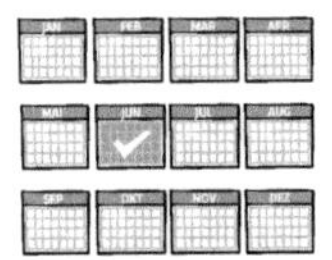

juni

جوون

juli

جوولای

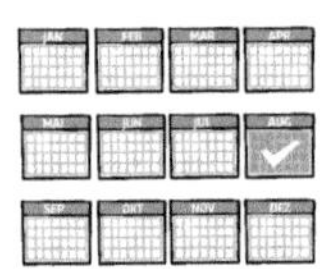

augustus

ئۆگۆست

september

سێپتەمبەر

oktober

ئۆکتۆبەر

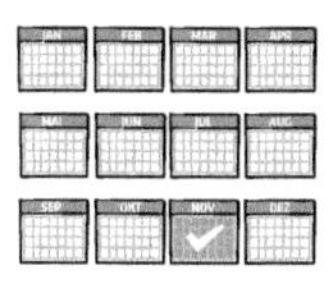

november

نۆڤەمبەر

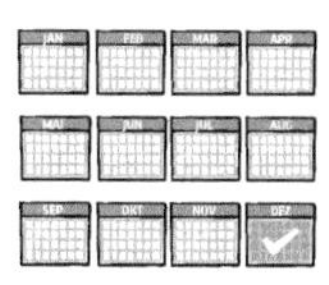

december

دیسەمبەر

vormen

شێوەکان

cirkel

بازنە

vierkant

چوارگۆشە

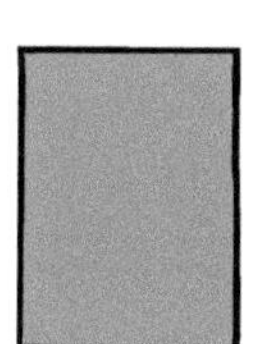

rechthoek

چوارگۆشەی درێژ

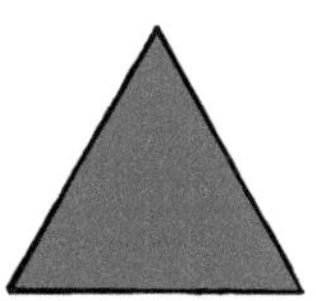

driehoek

سێگۆشە

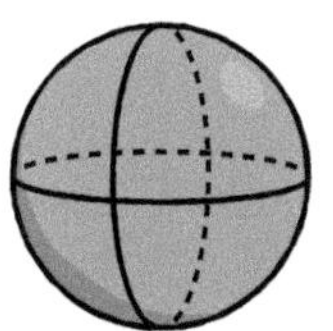

bol

تۆپ، گۆ

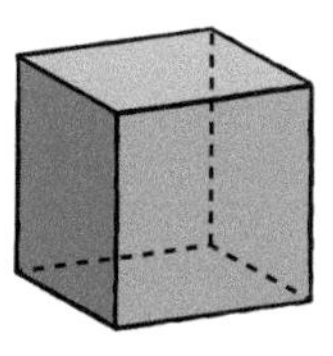

kubus

خشتەک

kleuren

ڕەنگەکان

wit

سپی

geel

زەرد

oranje

پرتەقاڵیی

roze

پەمەیی

rood

سوور

paars

بنەوش

blauw

شین

groen

سەوز

bruin

قاوەیی

grijs

بۆر

zwart

ڕەش

tegenstellingen
دژبەرەکان

veel / weinig

....

زۆر / کەم

boos / rustig

....

تووڕە / لەسەرەخۆ

mooi / lelijk

....

جوان / ناحەز

begin / einde

....

سەرەتا / کۆتایی

groot / klein

....

گەورە / چکۆلە

licht / donker

....

ڕووناک / تاریک

broer / zus

....

برا / خوشک

schoon / vies

....

خاوێن / چڵکن

volledig / onvolledig

....

تەواو / ناتەواو

dag/ nacht

....

ڕۆژ / شەو

dood / levend

....

مردوو / زیندوو

breed / smal

....

پان / تەنگ

eetbaar / oneetbaar

خۆش / ناخۆش

gemeen / aardig

نەگریس / بەبەزەیی

opgewonden / verveeld

وروژاو / بێزار

dik / dun

قەڵەو / لاواز

eerste / laatste

یەکەم / ئاخر

vriend / vijand

دۆست / دوژمن

vol / leeg

پڕ / خاڵی

hard / zacht

ڕەق / نەرم

zwaar / licht

قورس / سووک

honger / dorst

برسی / توونی

ziek / gezond

نەخۆش / سڵامەت

illegaal / legaal

نایاسایی / یاسایی

intelligent / dom

زیرەک / گەمژە

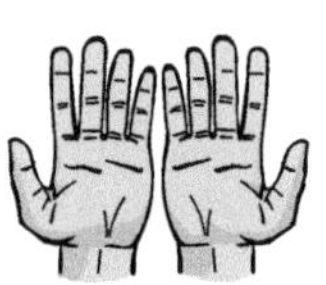

links / rechts

چەپ / ڕاست

dichtbij / ver

نزیک / دوور

nieuw / gebruikt

....

نوێ / کۆن، بەکارهاتوو

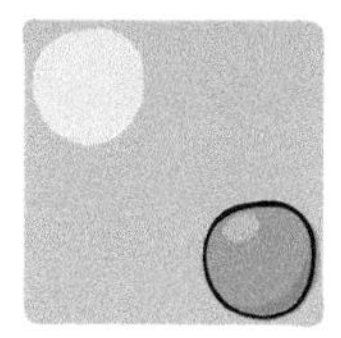

niets / iets

....

هیچ شتێک / شتێک

oud / jong

....

پیر / لاو

aan / uit

....

هەڵکراو / کوژاوە

open / gesloten

....

کراوە / داخراو

zacht / luid

....

بێدەنگ / دەنگی بەرز

rijk / arm

....

دەوڵەمەند / هەژار

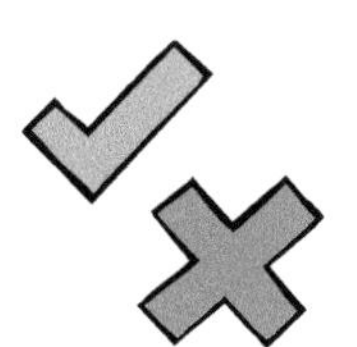

goed / fout

....

ڕاست / هەڵە

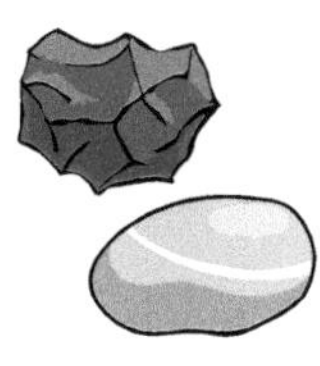

ruw / glad

....

زبر / ساف

verdrietig / gelukkig

....

خەمین / خۆشحاڵ

kort / lang

....

کورت/ درێژ

langzaam / snel

....

هێواش / خێرا

nat / droog

....

تەڕ / وشک

warm / koel

....

گەرم / فێنک

oorlog / vrede

....

شەڕ / ئاشتی

getallen
ژمارەکان

0
nul
سیفر

1
één
یەک

2
twee
دوو

3
drie
سێ

4
vier
چوار

5
vijf
پێنج

6
zes
شەش

7
zeven
حەوت

8
acht
هەشت

9
negen
نۆ

10
tien
دە

11
elf
یازدە

12

twaalf

دوازده

13

dertien

سیَزده

14

veertien

چوارده

15

vijftien

پازده، پانزه

16

zestien

شازده

17

zeventien

حەفدە

18

achttien

هەژدە

19

negentien

نۆزده

20

twintig

بیست

100

honderd

سەد

1.000

duizend

هەزار

1.000.000

miljoen

میلیۆن

talen

زمانەکان

Engels

ئینگلیزی

Amerikaans Engels

ئینگلیزی ئەمریکی

Chinees Mandarijn

چینی ماندارین

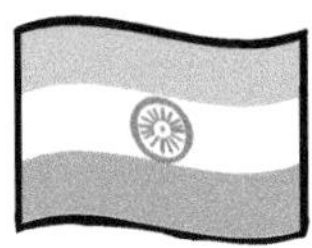

Hindi

هیندی

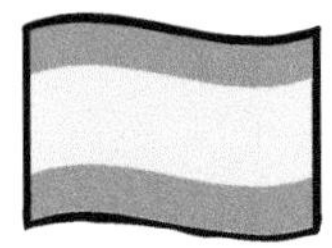

Spaans

ئیسپانی

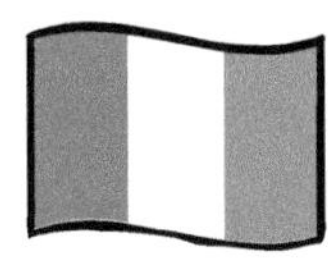

Frans

فەرەنسی

Arabisch

عەرەبی

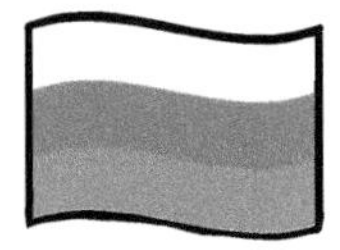

Russisch

ڕووسی

Portugees

پۆرتوگالی

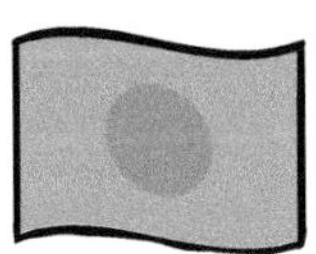

Bengalees

بەنگالی

Duits

ئاڵمانی

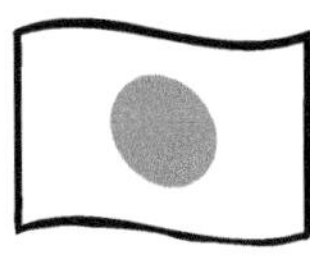

Japans

ژاپۆنی

wie / wat / hoe
کێ / چی / چۆن

ik

من

jij

تۆ

hij / zij / het

ئەو

wij

ئێمە

jullie

ئێوە

zij

ئەوان

wie?

کێ؟

wat?

چی؟

hoe?

چۆن؟

waar?

لەکوێ؟

wanneer?

کەنگێ؟ کەی؟

naam

ناو

waar

شوێن

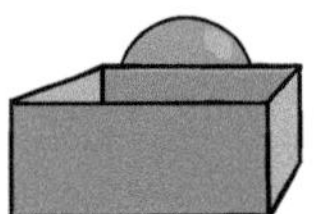

achter

لەپشت

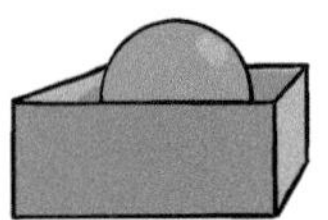

in

لە

voor

لەپێش

boven

سەری

op

لەسەر

onder

ژێر

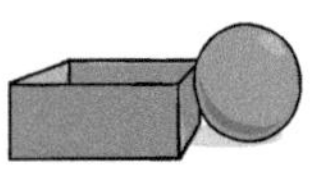

naast

لە تەنیشت

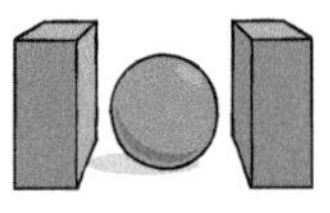

tussen

لەنێوان

plaats

شوێن، جێ